Meine Eindrücke von Amerika

Margot Asquith

Writat

Cette édition parue en 2024

ISBN : 9789359946429

Publié par
Writat
email : info@writat.com

Inhalt

ICH
AN BORD DER CARMANIA

MARGOT IST KEINE GEWÖHNLICHE TOURISTIN; ES IST NICHT NEUGIERIG – SCHLAGZEILEN IN LONDON IM VERGLEICH ZU SCHLAGZEILEN IN NEW YORK – AMERIKANISCHE FRAUEN WELTWEIT – AMERIKANISCHE MÄNNER DER ECHTE ARTIKEL

Ich bin am Samstag, dem 21. Januar dieses Jahres, mit dem Motorboot nach Southampton gefahren und habe mich, nachdem ich mich von meinem Mann und meinem Sohn verabschiedet hatte, auf meine Koje auf der *Carmania zurückgezogen. Ich* reise nicht gern und lag bis zum Tag vor meiner Abreise aus London mit einer Art Grippe im Bett.

Freundliche Presseleute verleiteten mich dazu, mich ihnen auf dem Schiff anzuvertrauen. Sie fragten mich, ob ich rechtzeitig zur Hochzeit von Prinzessin Mary zurück sein würde, wohin ich nach meiner Ankunft in Amerika fahren würde und ob ich mich auf meine Reise freue. Ich frage mich manchmal, welche Fragen ich stellen würde, wenn ich einen Reisenden interviewen müsste . Ich würde nur widerwillig fragen, wohin sie fahren, aber nie, was sie gesehen haben, weil ich weiß, dass ich ihren Antworten nicht zuhören könnte. Jeder weiß, was man wahrscheinlich zu sehen bekommt, wenn man für längere Zeit nach London, Rom, Athen oder in die Vereinigten Staaten fährt; und gibt es eine lebende Person, deren Eindrücke Sie gerne über das Kolosseum, die Niagarafälle oder ein anderes großes Kunstwerk oder Naturschauspiel hören würden? Zu solchen Themen sind die Bemerkungen des Klügsten und des Dümmsten gleichermaßen unzureichend, und der hervorragende Wortschatz eines Ruskin wird wahrscheinlich nicht erhellender sein als das, was der Schuljunge in das Gästebuch von Niagara schreibt: „Onkel und alle sind sehr erfreut."

Ich neige zu der Annahme, dass es eine leichte Form von Eitelkeit ist, die einen gewissen Typ reicher Leute jedes Jahr auf Reisen gehen lässt. Ich habe diese Leute sagen hören, dass sie bei all dem Interesse, das wir, die wir zurückgeblieben sind, an dem, was sie gesehen und gehört haben, genauso gut in Brighton hätten bleiben können. Dennoch ist die Welt voller Touristen; und es gibt eine Reihe von Leuten, die gerne ohne Anstrengung unwichtige Informationen aufschnappen. Die törichte Mehrheit von ihnen liest die *Daily Mail* ; die politischen Zeitungen den *Manchester Guardian* ; die Liberalen die *Westminster Gazette* ; die Intellektuellen den *New Statesman* ; und um sich sonntags die Zeit zu vertreiben, gibt es immer die langen Kolumnen des *Observer* oder für die Leichtgläubigen die „Secret History of the Week".

Nach einem Blick auf die Leitartikel wendet sich der Mann aus der City „Rund um die Märkte: Heimatbahnen stabil. Die chilenische Aktie reagierte auf 1¼ Aufschlag und die norwegischen Sechser fielen auf 95." Dann lesen sie: „Am Silbernen Meer, im sonnigen Süden oder im strahlenden Osten"; sie brüten über Listen von Leuten, die nach Ägypten, Amerika oder an die Riviera reisen; und erfahren schließlich, dass sich das alte Hauptpostamt in St. Martins-le-Grand befand.

In Amerika ist es ganz anders. Auf der Titelseite einer der wichtigsten Zeitungen ist zu lesen:

„ Kardos hofft auf die Hilfe seines Vaters", „Männer fallen in der Öffentlichkeit in Ohnmacht und verlieren 153.000 Dollar", „Verfasser eines Death Note in Capital ertappt", „Verluste von Frauen, die von Lindsay hereingelegt wurden", „Islands Kabinett stürzt", „ Tokio -Diät in Aufruhr wegen Schlange auf dem Boden", „Reitpferd von Firestone, Hardings Lieblingsreittier " und kurze Notizen zu Irland, Paris und London; wir empfehlen Ihnen, Seite 6, Spalte 5 oder Spalte 8, Seite 5 aufzuschlagen und mit „Schillernde Präsentation der Dessous von Prinzessin Mary" abzuschließen.

Es ist schwer zu sagen, warum die meisten Reisenden uninteressant sind. Ich glaube nicht, dass es daran liegt, dass sie an wundervollen Orten waren, sondern daran, dass der Durchschnittsmensch nicht die Fähigkeit hat, das Gesehene zu verarbeiten oder zu interpretieren; und sie übertreiben ihre eigenen Empfindungen mit einem solchen Mangel an Humor und Proportion, dass man das Gefühl hat, sie würden einen nicht nur abweisen, sondern auch einen Teil des Verdienstes der Meisterwerke selbst für sich beanspruchen. Wenn man auf einer Party zu hören bekommt, dass man Herrn Sowieso treffen sollte, weil er gerade aus dem Fernen Osten, Südwesten oder Nordpol zurückgekehrt ist, klammert man sich an den nächsten Türpfosten und macht sich aus dem Staub, während der Held in der Menge aufgespürt wird. Was ich mir selbst ausgedacht habe, gefällt mir besser als das, was ich entdecke; und Schlussfolgerungen, zu denen man nach sorgfältiger Überlegung gelangt, sind vertiefender als das, was einem von neugierigen Zuschauern vor Augen geführt wird.

Ich bin kein geborener Tourist, und Napoleons Rasierseife wird mich nie so sehr interessieren wie die kleinsten Informationen über seinen Geist oder Charakter. Es gibt einen Unterschied zwischen Neugier und Interesse, und ich muss leider sagen, dass ich nicht neugierig bin.

Ich bin zum ersten Mal in die Vereinigten Staaten gekommen, nicht um eine Mission zu erfüllen oder um irgendetwas oder irgendjemanden zu studieren, sondern um meine Tochter zu sehen und mich zu amüsieren.

In einem voreiligen Moment habe ich jedoch versprochen, meine Eindrücke von den Vereinigten Staaten und Kanada niederzuschreiben, und dies könnte zu falschen Hoffnungen führen.

Lord Acton schrieb in einem Brief an Mrs. Drew: „Ein Hauch von Bösartigkeit macht die ganze Welt verwandt", und ich muss mich bemühen, meine nachdenklichen Kritiker nicht zu enttäuschen. Man hat mir vorgeworfen, die Gesellschaft brillanter amerikanischer Frauen in Italien, Paris oder London nicht zu schätzen; aber man könnte mit Wahrheit hinzufügen, dass Brillanz, obwohl sie die meisten Menschen anregt, mich immer erschöpft hat. Ich ziehe den unbeholfensten Gedanken der fertigsten Formulierung vor und bin so langsam, dass die geringste Komplikation dazu führen kann, dass ich den Punkt verfehle. „Allgemeines und anhaltendes Gelächter" ist eine Fähigkeit, die ich mir nie aneignen konnte, und plötzliche Ausbrüche über alles, was ich gesagt habe, überzeugen mich normalerweise davon, dass ich besser den Mund gehalten hätte.

Für einen Außenstehenden, der nur europäischstämmige Amerikaner kennt, ist das Auffälligste an amerikanischen Frauen ihre Unabhängigkeit von der Heimat. Sie sind gleichermaßen gut ausgestattet, egal ob ihre Staatsangehörigkeit von Russland nach Rom, Wien, Rumänien oder Paris übertragen wird. Kein Blankoscheck könnte passender ausgefüllt werden, und ich frage mich immer wieder, was das Geheimnis ihres perfekten sozialen Mechanismus sein könnte.

Schön anzusehen und elegant gekleidet, offen für jedes Thema, anpassungsfähig, verfügbar, reich und gut gelaunt – die Amerikanerin, wie ich sie kenne, ist das Nonplusultra in Sachen Weltgewandtheit und Mode. In meinem eigenen Land ist sie nicht nur beliebt, sondern auch eine privilegierte Person, und nachdem sie anfangs das war, was man „natürlich" nennt, wird sie von Tag zu Tag natürlicher.

Die Ehemänner dieser Damen sind, sofern sie nicht zur bedürftigen ausländischen Aristokratie gehören, in der Regel geschieden, entlassen oder auf die eine oder andere Weise entsorgt worden, und selbst wenn sie die gleiche Nationalität besitzen, unterscheiden sie sich doch stark von den amerikanischen Männern, die ich kenne.

Er ist selten modisch und nie lässig; er hat eine Leidenschaft dafür, alles zu lernen, was es zu wissen gibt, und vertritt zu den meisten Dingen eine energische Meinung. Er erzählt zwar ein wenig zu ausführlich, ist aber nie mechanisch, sondern ein absolut authentisches Wesen; spontan, freundlich, gastfreundlich und eifrig. Er scheint seine Frauen mit der Geduld und Nachsicht zu behandeln, die man verwöhnten Kindern entgegenbringt, versucht nie, mit ihnen über literarische oder politische Themen zu diskutieren, und ist angenehm überrascht, wenn man Interesse an der Wall Street oder dem Weißen Haus zeigt.

Ich notiere mir diese vorläufigen Eindrücke. Jeder von ihnen kann – und wird – im Laufe meiner Reise revidiert werden.

II
ANKUNFT IN NEW YORK

Reporter ohne Ehrfurcht – die Pracht des Hotellebens – erster Vortrag wegen Seekrankheit gescheitert – begeistert von der Architektur New Yorks

Nach einer entsetzlichen Reise, während der das Schiff rollte und schaukelte, stöhnte und bebte und das Meer mit uns machte, was es wollte, kamen wir mit anderthalb Tagen Verspätung an und gelangten, umgeben von Presseleuten, im Handumdrehen auf amerikanischen Boden.

Wenn es den Reportern ein wenig an Ehrfurcht mangelt, machen sie das durch ihr intelligentes Interesse an allem, was mit ihnen zusammenhängt, wieder wett. Nachdem ich gefragt wurde, was ich von „Flappern" halte und was Mr. Lloyd George von mir halte, durfte ich ins Ambassador Hotel gehen. Ich hätte nicht höflicher begrüßt werden können, wenn ich in Windsor Castle angekommen wäre, und ich habe auch nie in einem besseren Hotel übernachtet.

Mein Schwiegersohn Prinz Bibesco , meine Tochter Elizabeth und meine Cousine Miss Tennant (deren Bruder der Privatsekretär von Sir Auckland Geddes ist) zeigten mir die luftigen Schlafzimmer und schönen Badezimmer, die der Hotelmanager für uns ausgesucht hatte. Ich setzte mich völlig erschöpft hin, als sich plötzlich die Tür öffnete und mein Wohnzimmer von männlichen und weiblichen Reportern überschwemmt wurde. Da ich eine Woche lang seekrank gewesen war und keine feste Nahrung zu mir genommen hatte, nickten mir der Teppich und die Decke immer noch zu, und ich muss leider gestehen, dass ich nichts besonders Auffälliges sagte; aber sie waren einladend und freundlich; und nach einem etwas wirren Gespräch stolperte ich ins Bett.

Keedick , dem New Amsterdam Theatre vorgestellt , wo Scouts in entfernten Galerien postiert waren, um meine Stimme zu testen. Ich hatte keine Schwierigkeiten, mir Gehör zu verschaffen, aber ich fühlte mich schrecklich krank und mehr als unzulänglich, als ich um 15.30 Uhr meinen ersten Auftritt in dem gut gefüllten Theater hatte. Dr. Murray Butler stellte mich in einer höflichen Rede vor und erklärte, dass ich nach solch einer ungewöhnlich harten Überfahrt gezwungen sein würde, die ganze Vorstellung über zu sitzen, was ich sehr bedauerte.

Ich begann mit einer lebhaften Erzählung über einen irischen Pferdehändler, die, wie ich auf den ersten Blick sah, niemanden interessierte. Ob ich nun Irisch oder Englisch sprach, es hätte Wallonisch sein können, das Publikum interessierte das nicht. Mir wurde ganz mutlos, meine Stimme sank, und ich wusste, dass viele nichts hören konnten; einige hörten nicht zu, und meine Freunde beobachteten mich voller Besorgnis, Mitgefühl und Jubel. Mehr tot als lebendig war ich erleichtert, als eine unternehmungslustige Dame von der Galerie rief:

„Mein Geld habt ihr umsonst bekommen – auf Wiedersehen, ich habe genug von euch!"

Diese informelle Begrüßung weckte die Freundlichkeit meiner Zuhörer in einem Protest, und sobald ich konnte, wechselte ich zu anderen Themen. Als der Vorhang fiel, kamen viele alte Freunde auf die Bühne, überreichten mir Rosen und versicherten mir, dass ich die Herzen meines Publikums gewonnen hatte, worauf ich das Theater verließ.

Auf der Heimfahrt öffnete ich alle Fenster des Taxis und war von der architektonischen Schönheit der Straßen beeindruckt. Mit Ausnahme von München habe ich noch nie eine moderne Stadt gesehen, die mit New York vergleichbar wäre. Die Farbe des Steins und die Leichtigkeit der Luft würden einer Leiche neue Lebenskraft verleihen; und trotz der quälenden Erinnerung, dass die Dame auf der Galerie genug von mir hatte, kehrte ich glücklich, wenn auch erschöpft, ins Ambassador zurück.

Meine Tochter nahm mich am Abend mit zu einer wunderbaren Party, die Miss Mabel Gerry gab. Wir trugen unsere besten Kleider, aber unser Taxifahrer schien nicht zufrieden zu sein. Bevor er in den prächtigen Innenhof einbog, hielt er an, öffnete die Tür und fragte ziemlich skeptisch, ob wir hier erwartet würden. Wir verbargen unsere Verlegenheit und drängten ihn, weiterzufahren.

In Miss Gerrys wunderschönem Haus gab es für jeden Geschmack etwas. Ich begann, indem ich neben meinem lieben alten Freund Mr. Harry White und einem brillanten Fremden, Mr. Thomas Ridgeway, saß, spielte dann Bridge, hörte einem fließenden Pianisten zu und tanzte zum Abschluss unbekannte Schritte zu einer wunderbaren Band.

Es ist eine Plattitüde, wenn ich sage, dass die Amerikaner die besten Tänzer der Welt sind.

III
BOSTON UND WORCESTER

**Unbehagen beim Reisen in Amerika – Lampenfieber in Boston –
Bostoner sind intelligent und höflich – John Sargents Fresken im
Museum**

Am nächsten Morgen, dem 2. Februar, kamen mein Freund und Sekretär Mr.
Horton, ich und mein Zimmermädchen nach einer bequemen Reise in einem
Privatabteil, das uns unser Schaffner freundlicherweise zur Verfügung
gestellt hatte, in Boston City an. Ich möchte nichts Unangenehmes sagen,
aber abgesehen von der Schönheit der Bahnhöfe sind die Reisemöglichkeiten
in Amerika unseren weit unterlegen. In der Öffentlichkeit aufrecht auf
Drehstühlen zu sitzen, ist eine Qual, die durch eine Atmosphäre, in der man
Ananas pressen könnte, nicht geringer wird. Bei unserer Ankunft wurden wir
von Reportern und Kameras begrüßt. Es quält mich, da zu stehen und in die
Sonne zu blinzeln; da ich keine Schönheit bin, weiß ich, dass meine Nase
immer mehr ein Körperteil als ein Merkmal sein wird, und wenn ich
versuche, angenehm auszusehen, werden meine Zähne in den
Morgenzeitungen wie Grabsteine sichtbar.

Wir waren allein und besichtigten die Symphony Hall, in der ich an diesem
Abend sprechen sollte. Als ich die Bühne betrat, war ich entsetzt. Ich fühlte
mich wie eine Mücke auf einem Schlachtschiff und blickte auf den größten
Saal, den ich je gesehen hatte, abgesehen von dem in London, der zum
heiligen Andenken an den guten Prinzen Albert errichtet wurde.

"Das ist ein Scherz der schlimmsten Sorte!", rief ich den anwesenden Herren
zu, "und nicht für eine Million Dollar würde ich die Bostoner beleidigen,
indem ich mich hier heute Abend lächerlich mache. Ich war weder im
Gefängnis noch bin ich geschieden; ich war weder am Nord- noch am
Südpol, noch habe ich Berge und Matterhörner bestiegen ; ich habe nichts
Wunderbares zu erzählen, und statt einer Frau zu schreien: ‚Geben Sie mir
mein Geld zurück – ich habe genug von Ihnen‘, wird das ganze Publikum
aufstehen. Das ist kein Saal, das ist ein Eisenbahntunnel! Ich kann das Ende
nicht sehen: Er ist für Lokomotiven oder Flugzeuge gemacht "; und ich
zitterte vor Wut und Besorgnis.

„Es ist ein Konzertsaal, Madam, gebaut für Oratorien", antworteten sie und
zeigten auf eine riesige Orgel, die die Wand hinter mir schmückte.

„Zweifellos könnten sich Trommeln, Trompeten oder Opernsänger Gehör
verschaffen, aber ein kleines Weibchen, das hier allein steht, würde die
Götter zum Lachen bringen, und nichts wird mich zum Sprechen bringen!"

„Aber, liebe Dame, ganz Boston kommt, um Sie zu hören."

Mr. Horton hakte sich bei mir unter und sagte beruhigend: „ Sie sind müde. Lassen Sie uns zum Hotel zurückkehren."

Sichtlich beunruhigt versicherten mir die Herren im Saal, dass Männer mit schwacher Stimme schon oft Vorträge gehalten hätten und ihnen vollkommen zugehört worden seien. Und als ich wegging, sah ich aus den Augenwinkeln, dass meine engelsgleiche Sekretärin nickte, um ihnen zu versichern, dass ich meinen Vertrag einhalten würde.

Allein im Taxi brach ich in Tränen aus und fragte, was ich getan hätte, um so bestraft zu werden. Ich sagte, die ersten Reihen würden taub, die Mitte verwirrt und die Balkone empört sein. Er versicherte mir, ich hätte eine schöne Stimme, eine interessante Persönlichkeit und ein mutiges Wesen usw. und dass ich es auf jeden Fall durchziehen müsse, da alle Plätze verkauft seien.

Ich zog mich mit tränenden Augen und scharlachroter Nase an, und wir fuhren in Schnee und Stille zur Symphony Hall. Die Bühne und der Zuschauerraum waren überfüllt, und blind vor Angst betrat ich die Bühne. Mein Vorsitzender, Mr. Arthur Hill (Corporation Counsel der Stadt Boston), sprach bei meiner Vorstellung mit größter Leichtigkeit, und ich bemerkte, dass ich jedes Wort verstand, das er sagte; aber an der Perfektion seiner Rede war deutlich zu erkennen, dass er schon vor tausenden Zuhörern gesprochen hatte, und dies war erst mein zweiter öffentlicher Auftritt.

Mit zitternden Knien stand ich auf und blickte auf das Meer erwartungsvoller Gesichter unter mir.

Der Himmel bewahre mich davor, zu wiederholen, was ich gesagt habe, aber ich habe eine Stunde und zwanzig Minuten lang mein Bestes gegeben. Ich begann mit meiner Freude, in Amerika zu sein, fuhr mit Geschichten aus meinem Heimatland fort und endete mit einem Bericht über Schloss Windsor und die Abrüstungskonferenz.

Kein Präsident oder Premierminister hätte ein intelligenteres, freundlicheres, höflicheres und aufnahmebereiteres Publikum haben können als die Menschen von Boston. Mit Schmerzen von den Knöcheln bis zu den Schläfen verneigte ich mich unter ihrem wiederholten Applaus, als ich demütig und glücklich von der Bühne abtrat.

Begeisterte Zuhörer drängten sich in den Green Room, wo ich in einen Stuhl sank, der so unbeweglich war wie die Mangel. Mr. Horton, der zwischen den Statuen am Horizont gesessen hatte, versicherte mir, dass er jede Silbe gehört hatte. Begierige Reporter fragten mich, was ich von Boston hielt, aber sprachlos und erschöpft hüllte ich mich in meinen Umhang. Scharen von Männern und Frauen warteten auf der Straße, und als ich davonfuhr, wurde mir klar, dass ich Erfolg gehabt hatte.

Am nächsten Tag gaben uns Vizegouverneur Alvin Fuller und seine Frau – die zu denen gehörten, die mir am Abend zuvor im Green Room gratuliert hatten – ein Mittagessen und fuhren mit uns in ihrem Auto zu den beiden großen Sehenswürdigkeiten Bostons: der öffentlichen Bibliothek und dem Fine Arts Museum.

Die Bibliothek ist ein prachtvolles Gebäude, das 1852 gegründet wurde und über zwei Millionen Bände enthält, von denen die Hälfte für den täglichen Gebrauch zu Hause ausgeliehen wird. Die Architekten des Gebäudes waren McKim , Mead und White aus New York, aber der Großteil des Entwurfs stammte von Charles Follen. McKim . Die Wanddekorationen wurden von Puvis de Chavannes, Edwin Austin Abbey und John Singer Sargent gemalt. Da meine Zeit begrenzt war, konzentrierte ich mich auf die Werke meines Freundes Mr. Sargent.

Es wäre unmöglich und anmaßend, die Schönheit von Sargent Hall zu beschreiben. Es ist das Ergebnis von dreißig Jahren Überlegung und Arbeit und hat eine majestätische Gestaltung, eine herrliche Zeichnung und eine Originalität in der Konzeption, die in Europa ihresgleichen sucht.

Die „Magd des Herrn" an der Ostwand, die das göttliche Kind in ihren Armen hält, und die ihr gegenüberliegende „Unsere Schmerzensmutter" erfüllen Ihr Herz mit Staunen und Ihre Augen mit Tränen.

Im ersten Bild erhebt sich die Heilige Jungfrau mit ihrem Baby im Arm von einem Thron. Wenn man dieses Kind ansieht, erkennt man , dass es der mächtige Gott und ewige Vater ist. Und der Gesichtsausdruck der Jungfrau – mehr als bei jeder anderen Madonna, die ich je gesehen habe – überzeugt einen davon, dass sie nicht nur die Mutter des Beraters war, auf dessen Schultern die Regierung lasten würde, sondern auch die Mutter des Friedensfürsten.

Die Jungfrau in „Unsere Liebe Frau der Schmerzen" steht auf der Mondsichel hinter einer Reihe brennender Kerzen, die in Reliefs aus Weiß, Gold und Silber gehalten sind. Ihr kleines Gesicht mit weit auseinander stehenden Augen blickt aus einer kunstvollen Silberkrone vor einem strahlenden Heiligenschein mit feinem und trügerischem Muster auf Sie herab, und ihre beiden schönen Hände umklammern die glänzenden Schwerter, die die Sieben Schmerzen symbolisieren, an ihrem Herzen. Die Würde ihrer Pose, die Unterwerfung und das Pathos ihrer eindringlichen Augen wecken in Ihnen ein neues Gefühl für die Erhabenheit des Schmerzes. Als ich aufblickte, fühlte ich, dass ich eine gemeinsame Dankbarkeit teilte, dass solche Motive das Genie des größten lebenden Künstlers eingefangen haben.

Von der Bibliothek aus gingen wir weiter zum Museum, wo die Verzierungen der Kuppel der Rotunde, ganz zu schweigen von der Außenfassade der Gebäude, großartig sind. Hier hat sich Mr. John Sargent selbst übertroffen.

Ich habe Kritiker gehört, die, weil ihnen nichts Besseres einfiel, die Meinung äußerten, er sei ein besserer Maler als Künstler. Wenn sie diesbezüglich Zweifel haben, sollen sie nach Boston gehen, und wenn sie belehrbar sind, werden sie dort erfahren, dass Sargent nicht nur ein außergewöhnlicher Künstler, sondern auch ein Dichter und Architekt ist.

Bevor ich Boston verließ, erhielt ich einen Anruf von Mrs. Bancroft, einer alten Dame von achtzig Jahren, mit der ich Freundschaft schloss. Sie war äußerst klug, und als sie sagte, ich hätte sowohl Anmut als auch Genie, hielt ich sie für eine ausgezeichnete Richterin! Sie sagte mir, ich sähe müde aus, und als wir uns verabschiedeten, schenkte sie mir einen Strauß wundervoller Blumen.

Wir fuhren im Auto der Fullers von Boston nach Worcester und speisten mit Mr. und Mrs. Charles M. Thayer. Nach einem ausgezeichneten Abendessen in guter Gesellschaft hielt ich im Privathaus von Mr. und Mrs. Washburn einen Vortrag, bei dem keine Reporter anwesend waren. Nachdem ich meine Tischnachbarn gebeten hatte, mich im Salon zu unterbrechen – da ich noch nie zuvor vor einer derartigen Gesellschaft gesprochen hatte –, begannen wir eine Art Debatte, die mir sehr gefiel. Ich bezweifle, dass irgendein englisches Publikum, es sei denn aus alten Freunden, so kluge und amüsante Fragen gestellt hätte, und als ich antwortete, wusste ich an dem Gefühl von Leben und Lachen, dass es ein Erfolg gewesen war, und ging zu Bett, ohne an die New Yorker Dame zu denken, die genug von mir hatte.

IV.
PHILADELPHIA, DAS NICHT REAGIERT

Predigt über das Leben als Ausbildungsschule – Margots Englisch wird in Philadelphia nicht verstanden – Mrs. Cornelius Vanderbilts Bal Poudre – Lob von Heywood Brown

Am Sonntag, dem 15. Februar, nahmen mich Mr. und Mrs. Harry White mit nach St. Bartholomew's, einer modernen Kirche von großer Schönheit. Dr. Parkes, ein Mann von Autorität und Redegewandtheit, predigte über das vierte Kapitel des Galaterbriefs, Vers 6:

„Und weil ihr Söhne seid, hat Gott den Geist seines Sohnes in eure Herzen gesandt."

Ich musste keine Schottin sein, um seiner Predigt zuzuhören. Er sagte, wir seien Kommilitonen, die an einer großen Universität ihren Abschluss machten, und seien in der Sohnschaft Christi vereint, und wir sollten eine spirituelle Gemeinschaft mit den Menschen pflegen, da sich die höchste Persönlichkeit niemals von selbst entwickeln könne. Unsere Namen wurden bei unserer Taufe eingetragen, unsere ersten Diplome erhielten wir bei unserer Konfirmation, und das Ziel und die Mission der Kirche bestehe darin, uns für die verschiedenen Prüfungen zu leiten oder vorzubereiten, die das Leben von uns verlangen würde, und wir sollten immer tun, was wir könnten, um einander zu helfen.

Als ich dem Pfarrer zuhörte, wusste ich, wie leicht es mir im Leben gefallen war, andere Menschen zu lieben und für sie zu sorgen. Ich fragte mich, wie viele Dinge ich unerledigt gelassen hatte und welche Prüfung ich bestehen würde, wenn ich plötzlich aufgefordert würde, anzutreten. Seit frühester Jugend verfolgt von der Vergänglichkeit und dem Pathos des Lebens, war mir bewusst, dass es nicht ausreichte, zu sagen: „Ich tue nichts Böses", ich sollte mich täglich selbst prüfen und fragen, was ich wirklich leiste.

Nachdem meine Aufmerksamkeit von der Predigt abgeschweift war, war ich froh, sie wieder in Erinnerung zu rufen, als ich Dr. Parkes sagen hörte, dass die meisten Menschen Jazz, Varieté oder Filme der Kirche vorziehen.

Er sagte, er würde für einen Augenblick in die Kirchenbänke hinabsteigen und die Kanzel fragen, warum die Gottesdienste konventionell, eintönig und wenig inspirierend seien; warum die Geistlichen unpassende moralische Ratschläge erteilten, die Gemeinde vor Gefahren warnten, denen sie nicht ausgesetzt waren; warum sie politische Meinungen äußerten, die sie nicht teilten; und warum sie die Gemeinde am Ende eines langweiligen Gottesdienstes davon überzeugten, dass sie auf keinen Fall öfter in die Kirche gehen würden, als sie möglicherweise müssten.

„Ich werde jetzt zur Kanzel zurückkehren", sagte er, und ich hörte aufmerksam zu.

Es stimmte, die Kirche war oft langweilig, aber die Einstellung der Gemeinde war falsch. Sie sollte sich nicht auf ständige Unterhaltung verlassen. Die Leute gingen aus verschiedenen Gründen in die Kirche. Manche aus Gewohnheit, andere, um ein gutes Beispiel zu geben, und einige wenige in der sehnsüchtigen Hoffnung, sie könnten etwas hören, das ihre gequälten Seelen heilte; etwas, das sie beruhigte, dass Jesus, da er weinte, nicht weit von den Trauernden sein konnte. Nur wenige Männer waren Redner, und was die Kirchen füllte, waren die Predigten. Die Leute würden einem sagen, der Gottesdienst sei genug, aber das war offensichtlich nicht der Fall; oder die Kirchen waren jeden Sonntag überfüllt.

„Ich zweifle nicht daran", fuhr er fort, „dass ich Sie eine Zeit lang unterhalten könnte; das könnten auch der Chor und die schöne Orgel, aber ich glaube, das wäre falsch; es würde dem Gottesdienst und der geistigen Gemeinschaft der Menschen den Sinn nehmen. Jeder sollte in die Kirche gehen, denn sonst würden die Kirchen aufhören zu existieren, und selbst der ungläubigste Mensch könnte das kaum wollen. Eines Tages könnte ein junger Prophet oder großer Jünger Christi zu uns kommen und keinen Ort finden, von dem aus er zu den Menschen sprechen könnte, und keine Versammlung, zu der er sprechen könnte."

Ich kehrte ins Hotel zurück, tief beeindruckt von dem, was ich gehört hatte, und war nicht in der Stimmung , mich von einem Reporter aus Philadelphia interviewen zu lassen, der dort auf mich wartete. Doch fand ich Herrn V. Hostetter sowohl verständnisvoll als auch intelligent.

*　*　*　*　*　*　*

Am nächsten Tag fuhr ich nach Philadelphia. Die Unempfindlichkeit meines großen Publikums wurde durch die Freundlichkeit meines Vorsitzenden, Mr. George Gibbs, die Gastfreundschaft von Mr. und Mrs. Thomas Ridgeway und die Freundlichkeit der Reporter mehr als wettgemacht. Ich bezweifle, dass mein Englisch verstanden wurde, obwohl man mir mitteilte, dass man mich von der Galerie aus deutlich hören konnte. Außer bei meinem ersten Vortrag – als ich nicht stehen konnte – hatte ich keine Schwierigkeiten, mich verständlich zu machen.

*　*　*　*　*　*　*

Nach meiner Rückkehr nach New York, nachdem ich im Bett gegessen hatte, ging ich mit meiner Tochter zu einem *Ball Poudré*, gegeben von Mrs. Cornelius Vanderbilt, einer cleveren New Yorker Gastgeberin, die sich nichts dabei denkt, hundertfünfzig Leute zum Mittag-, Tee- oder Abendessen zu bewirten.

Einer der auffälligen Unterschiede zwischen der Mode in England und Amerika besteht darin, dass das, was dem Uneingeweihten als fast übertriebene Zurschaustellung von Gastfreundschaft erscheinen mag, hier ebenso *schick ist* , während es in London als übertrieben gelten könnte. Amerikanische Hostessen sind auch sehr eigen, was die Rangfolge angeht: Wer sitzt neben wem oder ist als Erster, Zweiter oder Dritter dran. Ich muss gestehen, dass ich in dieser Hinsicht nachlässig bin, und als mich eine amerikanische Dame bei einem dieser Abendessen fragte, ob es mir etwas ausmachen würde, wenn meine Tochter Elizabeth Bibesco vor mir ein- oder ausging – ich habe vergessen, was es war –, dachte ich, sie mache einen Scherz. Ich verblüffte einen Reporter, als er mich fragte, ob ich die gesamte britische Aristokratie kenne, mit der Antwort, dass ich sie leider nicht kenne, mein Zimmermädchen aber schon.

Nichts hätte schöner sein können als der Vanderbilt-Ball. Ich freue mich schon darauf, das Haus meiner freundlichen Gastgeber unter normaleren Bedingungen zu sehen, aber ich konnte auf den ersten Blick erkennen, dass es nicht nur voller seltener und wertvoller Gegenstände ist, sondern auch wirklich beeindruckend. Die Empfangsräume, der Konzertsaal und die Ballsäle waren voll von Mode und Schönheit. Ich sah mich um, ob ich jemanden finden konnte, den ich kannte. Mein Blick fiel auf meine Tochter Elizabeth, die in ihrem schwarzen Samtkleid von Aubrey Beardsley zu den hübschesten Frauen im Raum gehörte.

Nachdem ich vergeblich versucht hatte, meinen geliebten Freund Colonel House – der Partys hasst – zurückzuhalten, fiel mir Mr. Balfour auf, der jung und glücklich aussah. Trotz der ihn bewundernden Menge, die ihn umgab, drängte ich mich durch, nahm ihn am Arm und verwickelte ihn in ein privates Gespräch. Da ich nicht zu Schmeicheleien fähig war, erzählte ich ihm, mit welch außergewöhnlichem Können er Großbritannien auf der Washingtoner Konferenz vertreten hatte; wie froh wir alle waren, dass er ausgewählt worden war; und wie entzückt ich war, ihn zu sehen. Mit dem blendenden Charme, der ihn nie verlässt, stellte er mir bohrende Fragen über den Fortgang meiner Vorlesungen und flehte mich an, mich nicht zu überanstrengen.

Ich antwortete, dass ich immer übermüdet sei, sagte aber wahrheitsgemäß, dass weder er noch ich jemals alt werden würden.

Niemand kann behaupten, dass sich Mr. Balfour nicht für Macht und Politik interessiert, doch eine gewisse Distanz hat ihn davor bewahrt, alt zu werden, und ich kann nicht erkennen, auf welche Weise er dies tut, aber er scheint sich in der Gesellschaft nie zu langweilen; ich glaube, das ist es, was ihn jung hält.

Ich weiß etwas über die Jugend, da die Tennants eine eigene Rasse sind; nicht weil wir besonders klug, gebildet, berühmt oder unterhaltsam sind, sondern weil wir kein Alter haben. Zigeuner, Handleser, Phrenologen und andere Betrüger haben mir viele sinnlose und unvereinbare Dinge erzählt, aber in zwei Punkten waren sie sich alle einig. Sie sagten, ich würde immer jung genug sein, um Liebe zu machen und sie zu inspirieren, und dass ich geldgierig und von freundlichem Wesen sei.

In dieser Hinsicht ähnele ich meinem Vater. Schlaflos, reizbar, ungeduldig und interessiert, konnte er mit sechzig besser hüpfen und tanzen als die meisten jungen Männer im Teenageralter, und seine letzte schöne Tochter wurde geboren, als er achtzig war. Das ist nicht nur körperlicher Natur: Es kommt zweifellos von der Vitalität, aber es ist auch eine Mischung aus moralischem und intellektuellem Temperament und vor allem der Fähigkeit zu bewundern, ohne die wir laut Wordsworth nicht leben können.

Nachdem ich mit Mr. Balfour gesprochen hatte, zeigte mir mein Gastgeber, Mr. Vanderbilt – ein Mann mit Charakter, der sich wenig um Unterhaltung kümmert – sein Schlafzimmer und seine Bibliothek.

Am Morgen nach dem Ball bekam ich eine Erkältung, die mich mit Verzweiflung erfüllte. Da ich an diesem Nachmittag eine Vorlesung halten musste (meine fünfte in Amerika und meine zweite in New York), musste ich unbedingt den unglücklichen Eindruck vertreiben, den das Lesen über Pferde bei meinem ersten Auftritt erweckt hatte. Sofern meine Sekretärin keine Pressekritik meiner Person ausschneidet und daran heftet, schaue ich sie mir nicht an, und ich war mir der Strenge, mit der ich am Tag nach meiner ersten Vorlesung zur Rede gestellt wurde, kaum bewusst gewesen. Die Leute in New York sind zu stark und zu beschäftigt, um zu bemerken, ob man krank ist oder nicht; sie haben ihr Geld bezahlt und hören sich wahrscheinlich nichts an, was sie langweilt; sie wollten ein wenig lokalen Klatsch über meinen Mann, Mr. Lloyd George, oder Prinzessin Marys Aussteuer. Die Beschimpfungen störten mich nicht, da ich pressesicher bin, aber ich wollte meinen Manager, Mr. Lee Keedick , nicht enttäuschen, einen fähigen, freundlichen Mann, ganz und gar nicht geldgierig und am Erfolg seiner Klienten sowohl aus künstlerischer als auch aus geschäftlicher Sicht interessiert; oder mein Sekretär, Mr. Horton, mit dem mich eine dauerhafte Freundschaft verbindet.

Da ich wusste, dass ich nicht nur am Nachmittag, sondern auch am nächsten Abend in Brooklyn sprechen musste, beruhigte ich sie mit der Aussage, dass ich trotz meiner Erkältung stehen, herumlaufen und das Publikum mit Geschichten über Gladstone, Tennyson, Kitchener, Politik, Duelle und Alkohol unterhalten würde. Ich erwähnte nicht, dass ich so nervös war, dass ich meinen Kopf hochhalten musste, denn wenn ich ihn fallen ließe, würde ich sicherlich zusammenbrechen.

Mein lieber Freund, Herr Paul Cravath , hielt bei meiner Vorstellung eine bewundernswerte Rede und war mehr als hilfsbereit und ermutigend.

Ich wünschte, ich könnte mich daran erinnern und aufschreiben, was meine Vorsitzenden über mich oder meinen Mann sagen, aber ich bin viel zu gespannt, um zuzuhören, und selbst wenn eine Kanonenkugel losgeht, würde mich das nicht davon abhalten, mich an meine Rede zu erinnern, obwohl ich weiß, dass mein Gedächtnis nicht weiter als bis „Meine Damen und Herren" reicht.

Als ich aufstand, verbeugte ich mich herausfordernd matt und sprach dann langsam und bedächtig, als käme es von einer anderen Person. Ich schaute erst am Ende der Vorlesung auf meine Notizen, und als ich mich wieder setzte, war das Publikum begeistert. Mein Schwiegersohn, Prinz Bibesco , ein Mann mit scharfer und künstlerischer Beobachtungsgabe, gratulierte mir herzlich, und sprachlos vor Erschöpfung ging ich zu Bett.

Am nächsten Morgen schickte mir mein Vorsitzender die folgende Rezension aus der *Welt* : „It Seems to Me " von HEYWOOD BROUN .

"Margot Asquiths Redensart erfüllt uns mit Neid. Wir wünschten, wir könnten so reden wie sie, lässig an einen Tisch gelehnt. Wir müssen zugeben, dass wir ihre Technik grenzenlos bewundern. Seit vielen Spielzeiten hat sich kein englischer Gastautor so wohlgefühlt wie Mrs. Asquith gestern Nachmittag auf der Bühne des New Amsterdam Theatre. Ihre Aussprache ist klar und deutlich, sie muss sich nie auf die Hinterbeine stellen und schreien. Wenn sie auf den Punkt kommt, schwingt sie sich hinein, blickt dem Publikum gerade entgegen und steht aufrecht. Wir bewundern ihre Vielseitigkeit in der Rede. Es dürfte viele Klienten geben, die sich gerne von Mrs. Asquith in der Kunst des öffentlichen Redens unterrichten lassen."

Wenn ich Herrn Broun an diesem Tag hätte treffen können, hätte meine Dankbarkeit mir wahrscheinlich geholfen, aber ich hatte Fieber und da meine Tochter sich mit Grippe angesteckt hatte, mussten wir das Bett hüten und Dr. Eglee schickte uns eine ausgebildete Krankenschwester .

*　　*　　*　　*　　*　　*　　*

Am 8. hielt ich eine Rede in Brooklyn, wo mich mein Arzt, in Decken gehüllt, im Auto begleitete. Ich blieb bis zum 12. im Bett, als ich meinen letzten Auftritt in New York hatte. Zu diesem Zeitpunkt war ich ziemlich in Mode gekommen, und vor allem dank Mr. Heywood Broun erhielt ich über 80 Briefe pro Tag, Blumen, Musik, Bücher und Gedichte. Die Krankheit meiner Tochter Elizabeth raubte mir alle Freude, und wären ihr Mann und meine

Cousine Nan Tennant nicht gewesen, hätten mich Krankheit und Erschöpfung dazu verleitet, meinen Vertrag zu brechen.

V.
DAS WEISSE HAUS UND WASHINGTON

Präsident Harding ist leicht zu sprechen – Margot erklärt englische Politik – plaudert mit Woodrow Wilson – beeindruckt von Botschafter Jusserand

Ich kam allein am 13. in Washington an und hielt am selben Nachmittag eine Rede.

Ein Washingtoner Publikum betäubt einen nicht vor Applaus, aber Mr. Thomas Hard, mein Vorsitzender, war so dankbar, dass er scheinbar den Ton angab, zu lachen und zu jubeln, und alles lief gut.

Am nächsten Morgen ging ich wie vereinbart um 10.30 Uhr zu Präsident Harding. Nachdem ich im Weißen Haus an mehreren falschen Türen vorbeigefahren war, wurde ich in ein Vorzimmer voller Presseleute geführt, die um ein offenes Feuer herum plauderten und rauchten. Der Sekretär des Präsidenten war äußerst höflich und ich musste nicht warten. Wir wurden in Mr. Hardings schönes rundes Zimmer geführt, schüttelten uns die Hände und setzten uns. Ein großer schwarz-brauner Airedale Terrier schnüffelte an meinem Rock und wurde von seinem Herrchen angewiesen, sich auf einen Stuhl zu setzen. Präsident Harding hat einen großen, kühnen Kopf mit wohlgeschnittenen Gesichtszügen und einem ehrlichen, furchtlosen Auftreten. Er ist groß, vollkommen schlicht und außerordentlich umgänglich und angenehm im Gespräch. Er erzählte mir, dass er auch Vorlesungen gehalten hatte und berichtete mir, wie das Vorlesungswesen in Amerika begann. Es gab eine Art Club oder Gesellschaft, die rund um den Lake Chautauqua entstand und sich über das ganze Land ausbreitete. Nur so konnten Vergnügen oder Informationen weit entfernte, öde Kleinstädte erreichen, in denen Tausende von Männern und Frauen lebten, die weder das Glück noch die Gelegenheit hatten, berühmte Persönlichkeiten kennenzulernen. Während er mir das erzählte, blickte ich auf den großen Schreibtisch vor ihm. Ich bemerkte ein verblasstes Foto einer äußerst hübschen, kultivierten Frau mittleren Alters und einen gerahmten Kupferstich von George Washington; oben auf einem Bücherregal entdeckte ich einen interessanten Druck von Abraham Lincoln. Ein offenes Kaminfeuer und große Fenster mit Blick auf einen Garten mit Bäumen vervollständigten den Raum.

Unser Gespräch wurde von einer Sekretärin unterbrochen, die den Präsidenten bat, am Telefon zu sprechen, und er verließ mich nach einer höflichen Entschuldigung.

Als er zurückkam, sah ich mich gerade das Foto auf seinem Tisch an und teilte mir mit, dass es seine Mutter sei. Wir sprachen über Arthur Balfour und ich erzählte ihm, wie erfreut mein Mann und wir alle in England darüber waren, dass er nach Washington gehen konnte; dass sein schneller Verstand, seine feinen intellektuellen Manieren und seine fehlende Engstirnigkeit ihm ein unvergleichliches Verständnis verliehen. Der Präsident reagierte mit echter Wärme.

„Ich bin sehr froh", sagte er, „dass er an unserer Konferenz teilgenommen hat. Wie Sie wissen, Mrs. Asquith, war er hier schon vor der Konferenz bekannt und beliebt, und ich kann nur sagen, dass er seine frühere Popularität durch die Geduld, das Taktgefühl, die Geradlinigkeit und die Fähigkeiten, die er während unserer gesamten Veranstaltung zeigte, um zweihundert Prozent gesteigert hat."

Er sprach mit mir über die politische Situation in England und fragte, wann meiner Meinung nach Parlamentswahlen stattfinden würden. Ich sagte ihm, die Koalitionsliberalen seien die ehrgeizigen zahlenden Gäste in einem konservativen Palast (oder so ähnlich); bei ihrem jüngsten Versuch, Parlamentswahlen zu erzwingen, hätten sie versucht, den Palast zu kaufen, doch zu ihrer Überraschung und ihrem Ärger habe Sir George Younger – der Hüter der Tory-Schatzkammer und Manager ihrer Partei – mit einem für seine Anhänger ungeahnten Mut ein Veto dagegen eingelegt und den Koalitionsliberalen in einem höflichen und öffentlichen Brief ihren Rücktritt angekündigt. Dieses unabhängige Vorgehen verärgerte die einflussreiche Presse in Downing Street, unterhielt die Freien Liberalen und verwirrte die gefügigen Konservativen. Letztere haben keinen eigenen Premierminister und sind Herrn Lloyd George nicht nur für alles, was er für sie getan hat, zu großem Dank verpflichtet, sondern sind durch den gegenseitigen Handel der Kaiser-Coupon-Wahl auch seiner Führung verpflichtet.

Ich sagte ihm, ich wüsste nicht, wann die Wahlen anstünden, und auch ihr Ergebnis könne niemand vorhersagen. Wenn es jedoch viele Anhänger von Sir George Younger in der Konservativen Partei gäbe, sei ein Zusammenbruch der Koalition durchaus möglich.

Wir sprachen über die Konferenz von Genua. Ich sagte offen, dass ich die Regierung durch Konferenzen satt hätte: Von der verhängnisvollen Konferenz in Versailles bis zur vergeblichen Konferenz in Cannes seien sie eine Quelle von Unheil, Missverständnissen und gegenseitigen Beschuldigungen gewesen; und die einzige Konferenz, bei der die Wahrheit ins Auge gefasst, diskutiert und verbreitet worden sei, sei seine eigene in Washington gewesen. Ich versuchte, ihm eine Vorstellung von der Wirkung zu geben, die Mr. Hughes' Eröffnungsrede zur Abrüstung in unserem Land hervorgerufen hatte, und fügte hinzu, wie tief mir Frankreich leid täte.

Unsere Wahlen von 1918, bei denen es um das Motto „Hängt den Kaiser" und „Durchsucht die Taschen der Deutschen" ging, die von der gesamten konservativen Partei unterstützt wurden, hatten die französische Öffentlichkeit überzeugt; und ich fügte hinzu, dass die Hälfte der Reizbarkeit, der Wut und des Misstrauens, die wir heute in Paris erlebten, aus dem Gefühl herrührte, sie seien betrogen worden. Ich sagte mit aller Ernsthaftigkeit, die ich aufbringen konnte, dass weder die Liberale Partei, mein Mann noch sonst jemand in England beabsichtigten, sich mit Frankreich anzulegen; Es sei ebenso klar, dass diese Ansicht in Amerika vertreten werde, und deshalb sei es für den Frieden in der Welt von entscheidender Bedeutung, dass wir versuchten, einander zu verstehen und zusammenzuhalten.

Er stimmte mir sehr deutlich zu, erzählte mir, wie sehr er sich dem französischen Volk verpflichtet fühlte und fügte hinzu, er sei ganz überzeugt, dass die Missverständnisse nach und nach ausgeräumt würden.

Nachdem er seine Unterschrift unter die Botschaft gesetzt hatte, die er zum Abschluss der Washingtoner Konferenz überbracht hatte, und mir eine Faksimilekopie davon gegeben hatte, trennten wir uns.

Ich ging mit meiner Cousine Nan Tennant zum Rock Creek Cemetery, um das Adams-Grab bei St. Gaudens zu besichtigen . Es ist ein großartiges Werk und berührt einen zutiefst. Ich saß eine Weile auf dem runden Marmorsitz und betrachtete die wunderschöne Bronzestatue. Es erinnerte mich an die Zeilen aus Richard II.:

„Oh! Aber man sagt, die Zungen Sterbender
erzwingen Aufmerksamkeit wie tiefe Harmonie."

Obwohl die vermummte und strenge Gestalt einen weit weg von allem, was sich bewegt, führt und ein Sinnbild des Todes ist, sprechen die tiefen und mitleidigen Augen zu denen, die zuhören, sowohl von Liebe als auch von Hoffnung. Als ich sie betrachtete, dachte ich, was für eine verklärende Wirkung eine solche Statue haben könnte, wenn man sie nach Paris oder Berlin bringen könnte.

Am Nachmittag besuchte ich Ex-Präsident Wilson. Seine Frau begrüßte mich freundlich und liebevoll und führte mich sofort in die Bibliothek, wo ihr Mann aufrecht auf einem Stuhl neben den Bücherregalen saß. Seine Augen waren hell, sein Geist klar, und niemand, der sein markantes Gesicht sah, hätte ahnen können, dass er krank war. Ich konnte meine Erregung nicht verbergen, als ich ihm erzählte, wie oft wir an ihn gedacht hatten. Er schien voller Hoffnung zu sein und sagte, er habe noch viel zu tun, da ein harter Kampf vor ihm liege. Er fragte mich, ob ich nicht glaube, dass es für meinen Mann und „Ihre große Partei" besser aussehe, und fügte hinzu, wie aufmerksam und mit welcher Hoffnung er und andere die gegenwärtige politische Situation in England beobachteten. Ich sagte ihm, dass er die eine großartige Idee gehabt habe und dass die ganze Welt sich mühe, ihr zu folgen, und fügte hinzu, dass der Völkerbund auf jeder liberalen Plattform Beifall geerntet habe. Er ließ mich versprechen, ihn nach meiner Rückkehr nach Washington zu besuchen, und nach einem kurzen Gespräch über Belanglosigkeiten ließ mich die Angst, ihn zu ermüden, aufstehen und mich von ihm verabschieden.

Ich ging weiter zur französischen Botschaft, wo ich über eine Stunde mit meinem alten Freund M. Jusserand verbrachte. Ich fand ihn sehr unglücklich: und als er offen und ohne Übertreibung die Gefühle besprach, die Paris belebten, fand ich, dass er ein hervorragendes Argument für das vorbrachte, was im Moment als Mangel an Vernunft bei seinen Landsleuten erscheint. Er zeigte mir, was Lord Lee im Dezember in Washington über die Beschränkung der Seestreitkräfte gesagt hatte, wo er aus Kapitän Castex' französischen Artikeln über die U-Boot-Kriegsführung falsch zitierte und tatsächlich aus dem Kontext „ *ainsi raisonnant les Allemands* ", was mich sehr überraschte.

Ich sagte, ich sei ganz sicher, dass es sich um einen Irrtum gehandelt habe und dass unsere Admiralität sofort eine öffentliche Entschuldigung anbieten würde, wenn die Angelegenheit ihnen zur Kenntnis gebracht würde; er sagte, dass der Quai d'Orsay am 7. Januar eine Erklärung abgegeben habe, aber dass nichts weiter passiert sei. Dass in demselben Artikel, dessen Bedeutung Lord Lee umgekehrt hatte, Kapitän Castex eine gezielte Anspielung gemacht habe „ *au rôle de salubrité Politik , die die Freiheit der Welt bewahrt und im Krieg von der Großbretagne gespielt wird* ".

Ich sagte ihm, dass wir zu weit weg seien, um zu wissen, was vor sich ginge, und dass es mehr als wahrscheinlich sei, dass sich Lord Lee bereits entschuldigt habe . Es sei ein bedauerlicher Fehler gewesen, da der Wunsch der Franzosen, ihre U-Boote zu vergrößern, vom durchschnittlichen Engländer als Bedrohung für Großbritannien verstanden werde, da sein Land vermutlich niemals zur See gegen Deutschland kämpfen würde.

Er sagte, dass jede Nation für sich selbst eine gewisse Truppenreserve vorhalten müsse, da sie einer starken Verkleinerung ihrer Armeen zugestimmt hätten. Ich bat ihn, geduldig zu sein und zu bedenken, dass die Wahlen von 1918 – die den natürlichen Wunsch der Franzosen nach einer Rachepolitik so schmerzlich ermutigten – nicht die wahre Meinung der britischen Öffentlichkeit widerspiegelten. Vielleicht mangelte es uns an Vorstellungskraft, aber wir würden niemals daran glauben, einen besiegten Feind zu vernichten oder zu versuchen, ihn für immer niederzuhalten. Da niemand die deutsche Rasse loswerden könne und Frankreich ihr Nachbar bleiben müsse , scheine es vernünftiger zu sein, zu versuchen, Hass zu verhindern, der unproduktiv sei. Und es bliebe ihnen kaum eine andere Wahl, als sich langsam und stetig auf einen weiteren Krieg vorzubereiten. Er wies alle Rachegedanken von sich und wies darauf hin, dass wir eine Insel ohne Grenzen seien und dass ihr fleißiger und arroganter Nachbar innerhalb einer Generation zweimal nicht nur ihr Volk getötet, sondern auch ihr Territorium verwüstet habe. Er und seine Landsleute hätten nicht das Gefühl, dass ihr moralisches und finanzielles Leid mit genügend Mitgefühl oder Gerechtigkeit behandelt worden sei.

Er argumentierte äußerst gut, und als ich ihn verließ, hatte ich das Gefühl, dass wir alles Mögliche tun sollten, um die Verdächtigungen eines Landes auszuräumen und seine Wunden zu heilen, an dessen Seite wir gekämpft und unser Leben gelassen haben.

Ich speiste an diesem Abend mit fünfzig Leuten in der britischen Botschaft und unterhielt mich mit unserem Botschafter, Sir Auckland Geddes.

VI
DETROIT UND CHICAGO

GAST DES FRAUENCLUBS – BESUCHT FORD-WERKE – SCHÖNE FRAU MINOTTO – BONUS UND BEHINDERTE SOLDATEN

Am nächsten Morgen verließen wir Washington in Richtung Detroit, wo ich herzlich empfangen wurde und mit Erfolg Vorträge hielt. Ich wurde vom Women's City Club unterhalten, auf dessen Einladung ich ursprünglich nach Detroit gekommen war. Es waren interessante Frauen, die alle ihre eigene Arbeit zu erledigen hatten und mit mir mit Eifer und Offenheit über ernste Themen sprachen. Ich sagte ihnen zum Abschied, dass es mir eine Ehre gewesen sei, sie beim Mittagessen kennenzulernen, und hoffte, dass einige von ihnen mir schreiben würden, wenn sie Zeit hätten, und mir ein wenig mehr über ihr Leben erzählen würden.

Nach dem Mittagessen fuhren wir in einem wunderschönen Hudson-Auto – das wir dank der Freundlichkeit von Mr. und Mrs. Chapin, die ich von meiner Künstlerfreundin Nellie Komroff kennengelernt hatte , geliehen bekamen – zu den großen Ford-Werken in Highland Park. Leider muss ich sagen, dass ich nie etwas von Maschinen verstanden habe, und der ohrenbetäubende Lärm, der Ölgeruch und das endlose Gehen erschöpften mich. Ich hatte auch Pech, Mr. Ford nicht anzutreffen, da ich ihn sehr gern kennengelernt hätte. Er ist ein Mann, der seinem Land große Dienste erwiesen hat, da er fast jedem preiswerte und hochwertige Autos zur Verfügung gestellt hat.

*　　*　　*　　*　　*　　*　　*

Wir fuhren in dieser Nacht in demselben schrecklichen Zug nach Columbus – wackelig, heiß und mit Stopps draußen, bevor wir in die Bahnhöfe einfuhren. Bei unserer Ankunft kam auf dem Bahnsteig ein Fremder auf uns zu und sagte, er hoffe, wir würden uns und unser Gepäck an jeden beliebigen Ort bringen lassen; mein Buch habe ihm sehr gefallen und er würde sich meinen Vortrag anhören. Wir nahmen seine Einladung mit Freude an und wurden ins Hotel gebracht. Mr. Jeffries, der Besitzer des Triebwagens, war mehr als freundlich und enthusiastisch. Ich versuchte, sein hübsches Gesicht in einem Ballsaal zu erkennen, in dem ich am Abend sprach, aber er war auf der Galerie und ich war zu nervös, um mich groß umzusehen.

Ex-Gouverneur Campbell hielt eine geistreiche Einführungsrede und ermutigte meine Zuhörer, mir Fragen zu stellen. Als alles vorbei war, war ich von verschiedenen Damen und Herren aus dem Publikum umringt, die sich mir vorstellten und mich fragten, ob ich nicht Eis essen und Punsch trinken wolle. Doch ich war erschöpft und selbst mein gutaussehender Freund, der mir über die Maßen gratulierte, konnte mich nicht davon abhalten, ins Bett zu stolpern.

Ich hatte ein Telegramm von meinem Manager erhalten, in dem er mich bat, am nächsten Morgen rechtzeitig um sieben Uhr mit dem Zug nach Chicago zu fahren, um die Reporter am Abend zu sehen. Die Aussicht darauf bereitete mir eine schlaflose Nacht, zumal ich zuerst um Mitternacht von einem Boten mit einem Album, das ich signieren sollte, gestört wurde und dann noch einmal um zwei Uhr morgens vom Nachtwächter, der mir vorwarf, ich hätte vergessen, meine Tür abzuschließen. Ich benutzte eine unparlamentarische Ausdrucksweise und sagte ihm, dass mich nichts dazu bringen würde, meine Tür abzuschließen, und nach einem erfolglosen Versuch, mich zu beruhigen, machte ich das Licht an und las „Wenn der Winter kommt".

Die Originalität und das Pathos dieser wundervollen Studie rührten mich zu Tränen und, mehr tot als lebendig, sagte ich meinem Zimmermädchen um 5.30 Uhr morgens, dass ich ein Bad nehmen würde.

Die Reporter in Chicago waren sehr höflich und ich kam, mit Taschenlampen untermalt, so gut durch die Interviews, wie ich konnte. Eine der jungen Damen, die mir zum Aufzug folgte, sagte:

„Ich wünschte, Sie wären nicht so charmant und höflich gewesen. Ich hätte mir gewünscht, Sie wären einfach auf mich losgegangen und hätten mir die Haare ausgerissen, damit ich die Geschichte hätte erfahren können."

Ich sah sie überrascht und angewidert an, als Mr. Horton mich mit dem Ellenbogen in den Aufzug drängte.

Ich speiste an diesem Abend mit einem sehr alten Freund von mir, Graf Minotto , und traf die erste wirklich schöne Frau, die ich seit meiner Ankunft hier sah. Frau Minotto betrat das Zimmer mit langen weißen Armen und einem durch und durch blassen Gesicht; ihr dunkles Haar war in Wellen aus ihrer Stirn gestrichen und locker im Nacken zusammengebunden, und ihre schönen Augen strahlten vor Willkommen. Wir unterhielten uns *drei Stunden zu dritt* , und bevor sie ging, nahm sie mich mit in ihr Nachtzimmer. Die Amme wachte auf, aber ihre Dame sagte ihr, sie solle sich nicht rühren, und nachdem sie einen hübschen kleinen Jungen angesehen hatte, glitt sie an die Seite einer weißen Wiege. Sie war sehr groß und trug ein enganliegendes schwarzes Kreppkleid. Ich war beeindruckt von der Schönheit ihrer Haltung und der Zärtlichkeit ihres Gesichtsausdrucks, als sie sich über das Kinderbett beugte und die Bettdecke wegnahm, damit ich ihr kleines schlafendes Baby sehen konnte.

Am nächsten Abend hielt ich einen Vortrag vor dem größten und intelligentesten Publikum, das ich seit Boston erlebt hatte, und als der

Vortrag vorbei war, kamen Leute auf die Bühne, um mir zu gratulieren und um ein Autogramm zu bitten.

Am Morgen des 22. hatten wir darum gebeten, das große Militärkrankenhaus besichtigen zu dürfen, und ein Freund von Mr. Horton – der während seiner Arbeit im Außenministerium in Paris sein Sekretär gewesen war – nahm uns mit, um uns das Speedway Hospital zu zeigen.

Wir hatten eine lange und abenteuerliche Fahrt, schlitterten im Kreis über das Eis, obwohl wir mit fast gräberhafter Geschwindigkeit fuhren. Von meinen Füßen stiegen Dampfwolken auf, die aus einem Ofen zu kommen schienen. Mr. Horton bestand darauf, an einer Werkstatt anzuhalten, aus Angst, das Auto könnte Feuer fangen, und unser Chauffeur schüttete auf grobe Art Kanister mit Wasser durch die Fensterschlitze, um das Auto abzukühlen.

Als wir im Krankenhaus ankamen, wurden wir von Interviewern und Ärzten (letztere in Khaki) begrüßt – wir hatten Miss Allard mitgenommen, eine Reporterin von erstklassiger Intelligenz und feinen Manieren – und wir begannen, herumzulaufen. Der Militärarzt wollte mir natürlich das Krankenhaus zeigen, das meiner Meinung nach das größte und am besten ausgestattete der Welt ist. Dieses solide Gebäude erstreckt sich über eine halbe Meile und ist mehrere Stockwerke hoch; aber ich wollte die Patienten sehen, und ich verabscheue lange Gänge und Operationsutensilien. Mit Mühe wurde mir schließlich gestattet, die Verwundeten zu sehen.

Es ist schwierig, mit müden Männern, die an Schmerzen und das Bett gewöhnt sind, ein Gespräch zu führen, aber ich war froh, sie kennenzulernen und mit ihnen zu reden.

Ich habe das Gefühl – und das kann auch falsch sein –, dass sie in diesem Land des Geldes und der Filme nicht die Aufmerksamkeit bekommen, die sie verdienen, aber das Krankenhaus war großartig und dort werden sie jedenfalls effizient und verständnisvoll behandelt.

Vielleicht bin ich nicht kompetent, das zu beurteilen, aber nach meinen Beobachtungen laufen die Männer, die im Krieg gekämpft haben - viele von ihnen sind entweder dauerhaft behindert oder finanziell benachteiligt - Gefahr, vergessen zu werden, und zwar nicht von der Regierung der Vereinigten Staaten oder anderswo auf der Welt, sondern von Privatleuten.

Der Bonus hier, selbst wenn er angenommen wird, kann für die Reichen und Wohlhabenden niemals eine Entschuldigung sein, nicht zu den Verwundeten zu gehen, weder zu ihren Häusern noch in die Krankenhäuser. Vergast, verkrüppelt und unter Granatenschock leidend, können ihre Aussichten bestenfalls trostlos sein, und ich habe Angst, dass die Verkrüppelten und Verwundeten im Trubel des Lebens und dessen, was fälschlicherweise als

„Rückkehr zur Normalität" bezeichnet wird, vernachlässigt werden. Es ist verständlich, dass Geschäftsleute Geld verdienen wollen, aber Geschäftsprinzipien sollten nicht hauptsächlich Ausdruck persönlicher Interessen sein, und Sie zahlen möglicherweise einen zu hohen Preis für Ihr Vermögen.

Außer mir sah ich in den überfüllten Stationen dieses riesigen Krankenhauses keine Fremden, und aus den Antworten auf meine Fragen schließe ich, dass es unter den Frauen hier nicht üblich ist, Fremde zu besuchen.

VII
PITTSBURGH UND ROCHESTER

**TRIFFT EINEN INTERESSANTEN REPORTER –
KOMPLIMENTE VON DR. HOLLAND –
UNANNEHMLICHKEITEN IM PULLMAN-WAGEN –
MARGOT SIEHT IHRE ERSTE FLAPPER**

Nachdem wir die ganze Nacht in einem Zug gefahren waren, der in England nicht für einen Tag geduldet worden wäre, rumpelten wir am Morgen des 23. um 6.30 Uhr in Pittsburgh ein. Reporter und Fotografen warteten nach dem Frühstück im Wohnzimmer auf mich, und benommen von der Reise legte ich meine Füße auf ein Sofa und wartete auf ihre intelligenten Fragen.

Ich sprach mit drei Frauen und einem Mann. Die Frauen fragten mich, ob ich nicht glaube, dass sie als Nation rasche Fortschritte machten; ich antwortete, dass sie durch ihr Interesse an internationaler Politik zweifellos weniger provinziell geworden seien und dass ihr Land mit seiner Vitalität, Intelligenz und seinen Ressourcen in Zukunft einen enormen politischen Einfluss ausüben werde, wenn es dies nicht bereits tue. Ich bemerkte, dass der männliche Reporter Einwände dagegen erhob; er sagte, dass die Männer der Ideen und die Industriekapitäne ständig gegeneinander kämpften und dass die amerikanische Presse dem Geschmack der Öffentlichkeit nachgab, indem sie sie über die Wahrheit im Unklaren ließe. Die Damen widersprachen dem und fragten ihn, indem sie ihn mit „Bruce" ansprachen, ob er glaube, dass sie ihre großen Männer und alles, was wertvoll sei, nicht verehrten ; sie fügten hinzu, dass sie eine junge und freie Nation seien und dass sie, wenn überhaupt, viel zu schnell vorankämen.

Ich fühlte mich gezwungen, zu sagen, dass ich sie für die aufrichtigsten und gastfreundlichsten Menschen hielt, sie aber trotz ihrer ständigen Eile langsam fand; auch konnte ich nicht ehrlich sagen, dass ich sie für eine freie Nation hielt. Der einsame Mann unterstützte mich nachdrücklich und fragte die Damen, wo sie die großen Männer oder die Ehrfurcht gesehen hätten. Er sagte, der Materialismus untergrabe die Seele Amerikas, ihre intellektuellen Männer würden erstickt, und bat mich in einer Bemerkung auf Französisch, während die Fotografen Blitzlichter mitnahmen, ihn noch bleiben zu lassen, nachdem die Damen gegangen waren. Ich stimmte zu, und als die oft wiederholte Frage aufkam, was ich von „Flappern" halte, hörte ich geistesabwesend zu und ohne mich auf ein Thema einzulassen, das zwar die Moral der weiblichen Fragesteller stört, mich aber so sehr langweilt, dass ich fast schreie, wenn es erwähnt wird.

Nachdem die Damen gegangen waren, kam Mr. Horton mit „Bruce" zurück. Er war der interessanteste Reporter, den ich bisher getroffen habe.

Er sagte, er wisse nicht, was mit dem Geist seiner Landsleute geschehen sei. Ob es an einer vorübergehenden Ruhelosigkeit liege – aufgrund des Chaos der gegenwärtigen Verhältnisse – oder an einem angeborenen und tief verwurzelten Mangel an Reflexion, jedenfalls töteten Jazz, Trubel und Schlagzeilen die Seele des amerikanischen Volkes.

"Es herrscht ein ständiger Antagonismus zwischen der Maschinerie, der Presse, den Geldmachern und jenen, die im Dunkeln tappen, um frei zu sein. Wenn sie das Licht sehen und die Wahrheit kennen, wird es hier genauso schlimm sein wie heute in Russland, und, Mrs. Asquith", fügte er hinzu, "warum sollte das so sein? Wir haben Männer mit Ideen, und sie sind jung und geistreich; warum muss das, was gut ist, unausgesprochen bleiben? Sie werden es mir nicht glauben, aber in diesem Hotel hörte ich einen Mann zu einem anderen sagen:

„‚Ich lese nie eine Zeile, die mir im Geschäftsleben keinen Nutzen bringt.‘

„Stellen Sie sich vor, dass so etwas nach diesen fünf Jahren der Angst auf der ganzen Welt gesagt werden könnte! Ich bin ein armer Mann und werde es wahrscheinlich nie schaffen, aber ich würde lieber verhungern, als so etwas zu sagen.“

„Haben Sie ‚If Winter Comes‘ gelesen?“, fragte ich.

Er bejahte dies und sagte mir, dass es ihn tief bewegt habe; aber ob ich glaube, dass ein Mann wie Mark Sabre jemals existieren könne; ob ich nicht glaube, dass er einer sensiblen und schöpferischen Kraft entsprungen sei, aber kein wirkliches Wesen. Ich antwortete, dass das Buch gerade deshalb großartig sei, weil Mark Sabre so menschlich und ebenso von Gott wie von Hutchinson geschaffen sei.

„Wenn es uns wichtig genug wäre, könnten wir alle einige von Sabres Eigenschaften entwickeln, aber wir müssen gleichermaßen unabhängig von der öffentlichen Meinung sein, gleichermaßen tolerant und vor allem gleichermaßen selbstlos und liebevoll“, sagte ich.

„Da haben Sie vielleicht recht, aber was hat es ihm letztlich genützt?“

„Natürlich“, antwortete ich, „wenn wir jedes Mal, wenn wir das Richtige tun oder sagen, damit rechnen würden, dass wir damit Erfolg haben, wäre alles ganz einfach. Das Leben ist so kompliziert, weil wir immer wieder auf Ablehnung stoßen. Wir müssen uns durchschlagen und tun, was wir können; im Grunde bescheiden und ohne Rücksicht auf die öffentliche Meinung. Glauben Sie mir, Sie sind nicht das einzige Land, das den Versuchungen ausgesetzt ist, von denen Sie sprechen. Wir können diese ewigen Ungleichheiten nur durch Mitleid und Selbstaufopferung überwinden, und dafür haben wir ein unsterbliches Beispiel erhalten.“

Er stand auf, schüttelte mir fest die Hand und sagte:

„Es war gut, dass Christus zu diesem Zeitpunkt gekreuzigt wurde, denn er hätte den Hass und die Feindseligkeit, die seine Ideen bei den konventionellen, erfolgreichen und herrschenden Klassen hervorriefen, nicht lange überlebt."

Am Nachmittag wurde ich in die Carnegie Buildings geführt. Dank der Freundlichkeit von Mr. Church wurde ich in einem Sessel herumgerollt und genoss die wunderbarste Institution dieser Art, die es gibt. Dr. Holland, der mir mitteilte, dass er nicht nur alle meine literarischen Freunde in England, sondern auch die meisten gekrönten Häupter Europas kenne, begleitete uns. Ausgestopfte Tiere in riesigen Glasvitrinen ziehen mich normalerweise nicht an, aber im Carnegie Institute werden sie mit so lebensechter Kunst präsentiert, dass ich darum bat, dem Mann vorgestellt zu werden, der sie arrangiert hatte. Er wurde mit einem Aufzug von seiner Arbeit heruntergebracht, und nachdem ich ihm herzlich die Hand geschüttelt hatte, sagte ich ihm, wie stolz ich sei, einen so großen Künstler kennenzulernen.

Dr. Holland, mein Vorsitzender an diesem Abend, war so freundlich, mir eine Rohfassung seiner Einführungsrede zu geben:

„Meine Damen und Herren, Nachbarn und Freunde", sagte er.

„Die geschriebene Geschichte wurde als ‚Geflecht aus Lügen' bezeichnet. Die meisten Historiker, wie auch Porträtmaler, sehen es als ihre Pflicht an, den Charakteren, die sie beschreiben, einen Zauber zu verleihen, der in vielen Fällen mehr oder weniger übermenschlich oder überteuerlich ist, je nach dem, was der Fall ist, und die Umstände so darzustellen, wie sie sich im Licht des Übernatürlichen zugetragen haben. Ab und zu taucht ein Autor auf, der mit der Gabe begabt ist, die Dinge so zu sehen, wie sie wirklich sind, und der, um eine aktuelle Redewendung zu verwenden, ‚die Dinge beim Namen nennt'. In einem Zeitalter der Vortäuschung ist es für viele mehr oder weniger schockierend, wenn solche Personen zur Feder greifen und mit einer Offenheit, die aus angeborener Ehrlichkeit geboren ist, die Wahrheit sagen, so wie sie sie deutlich wahrnehmen kann. Die Gesellschaft ist so sehr an „diplomatische Höflichkeiten" gewöhnt, dass sie „einen Anfall bekommt", wenn der Wahrheitsverkünder auftaucht, da sie sieht, wie ihre Illusionen verschwinden. Ihre angeblichen Idole, die als aus purem Gold gemacht angepriesen wurden, entpuppen sich als vergoldeter Ton, ihre Teufel sind doch nicht so teuflisch, und die waghalsige Tat des Wahrheitsverkünders wird von einem Zeitalter, das nichts als Komplimente verlangt, energisch verurteilt.

„Wir alle, zumindest ich, haben mit großer Wertschätzung und nicht wenig Belustigung Mrs. Margot Asquiths ‚Autobiographie' gelesen. Mir hat sie besonders gefallen, weil sie darin ihre Eindrücke von vielen Menschen wiedergibt, die ich getroffen und gekannt habe.

„Mrs. Asquith ist die Frau des großen Mannes, der bei Ausbruch des Weltkrieges Premierminister Englands war. Sie ist heute hier in einer Stadt, die den Namen jenes Premierministers trägt, der während der Napoleonischen Kriege das Staatsruder innehatte.

„Ich habe die Ehre , Ihnen Mrs. Margot Asquith vorzustellen, die Frau des sehr ehrenwerten Herbert Henry Asquith. Sie ist eine der berühmtesten Frauen Englands.“

Da ich wusste, dass wir den Nachtzug nach Rochester nehmen mussten, und ich keine Erfahrung darin hatte, meine Redezeit zu planen, stellte ich fest, dass ich meinen Vortrag um eine halbe Stunde verkürzt hatte, als ich mich hinsetzte. Um das wiedergutzumachen, lud ich die Leute in der ersten Reihe, die mir die Hand schüttelten, dazu ein, auf die Bühne zu kommen. Sie strömten in großer Zahl herbei, und ich gab einen informellen Empfang, der unerwarteten Erfolg hatte.

Wir fuhren schweigend zum Bahnhof. Ich war überzeugt, dass ich ein Versager gewesen war, was mein Sekretär nicht zu widerlegen versuchte. Mr. Horton sagte, er befürchte, die Nachricht von meinem verkürzten Vortrag könnte die einflussreiche Presse erreichen und diejenigen benachteiligen, die mich in den Städten, in denen ich sprechen sollte, hören wollten. Da ich in meinem Herzen wusste, dass ich bei jeder Gelegenheit mehr Lob bekommen hatte, als ich verdiente, und da ich ein Temperament hatte, das durch Misserfolge nicht aus der Fassung gebracht wird, versuchte ich ihn aufzumuntern, während der Nigger mein Bett herrichtete, aber ohne den geringsten Erfolg.

Die Züge in den Staaten und im Dominion sind voller Mängel; die in Kanada sind sogar noch schlimmer als in den Vereinigten Staaten. Wenn Sie tagsüber reisen, sind Sie einer von vierundzwanzig Männern, Frauen und Kindern, die auf harten Drehstühlen sitzen und einander beäugen. Sie können Ihre Glieder nicht strecken oder eine Zigarette rauchen, und während Ihre Ohren von schreienden Babys betäubt sind, werden Ihre Beine von kochenden Rohren versengt. Wenn Sie reich genug sind, bekommen Sie vielleicht ein Wohnzimmer, aber das gibt es nicht in jedem Zug. Wenn Sie nachts reisen, liegen Männer und Frauen übereinander, zugeknöpft hinter einer Allee aus grünen Baumwollvorhängen. Sie können Ihre Wärmflaschen nicht füllen lassen und morgens keinen Tee trinken. Während Sie zwischen den Sprüngen der Lokomotive zu Ihrer Privatkoje taumeln, können Sie von Glück reden, wenn Sie nicht über die hervorstehenden Füße Ihrer Mitreisenden fallen oder auf dem Gesicht einer schlafenden Dame sitzen, die hinter den Vorhängen *liegt* . Privatsphäre kennt man nicht, und obwohl ich Tausende von

Kilometern gereist bin, ist mir noch nie ein Zug begegnet, der einem keine Gehirnerschütterung der Wirbelsäule oder des Gehirns zufügt, es sei denn, man verfügt über das Gleichgewicht einer Balletttänzerin.

Nach einer schlaflosen Nacht kamen wir in Rochester an, wo ich mir die Morgenzeitungen besorgte. Dank eines charmanten Reporters, Mr. CM Vining, der einen weiten Weg auf sich genommen hatte, um mich in Pittsburgh sprechen zu hören, erhielt ich eine ausgezeichnete Kritik.

Mein Aufenthalt in Rochester, wo ich unter der Schirmherrschaft des Presseclubs Vorlesungen hielt, war so kurz, dass ich keine Zeit hatte, mir einen Eindruck von dem Ort zu machen, aber die Leute waren alle sehr nett zu mir.

Am 26. trafen wir in Buffalo Mr. Hortons Mutter, eine kultivierte, charmante alte Dame, die mit uns im Zug nach Toronto reiste.

Als ich Mr. Vining im Flur traf, dachte ich, wenn ich ihn in unser Wohnzimmer holte, würde das meiner Sekretärin die Gelegenheit geben, mit seiner Mutter zu sprechen, und lud ihn ein, sich zu uns zu setzen. Wir hatten ein ausgezeichnetes Gespräch und ich erzählte ihm, dass ich zum ersten Mal in meinem Leben einen „Flapper" gesehen hatte. Während ich in der sonnigen Straße vor dem Bahnhof von Buffalo wartete, sah ich zwei junge, kichernde Mädchen in kurzen Röcken mit ihren Verehrern, die mit Kodaks bewaffnet waren . Einer der jungen Männer warf ein Mädchen über seine Schulter, das ihre Beine ausstreckte, während der andere sie fotografierte. Ich fügte hinzu, dass ich, während ich betete, dass ich nie wieder zu diesem Thema interviewt würde, in Zukunft in einer besseren Position sein würde, um meinen leidenschaftlichen Fragenstellern zu antworten.

VIII
TORONTO UND MONTREAL

Margot erzählt eine Geschichte von Mark Twain – fesselt das Publikum in Toronto, küsst die Putzfrau – die Damen aus Montreal sind unterdrückend und kritisieren

An diesem Abend kamen wir in Toronto an und ich hielt am 29. einen Vortrag. Mein Vorsitzender, Rev. Byron Stauffer, hielt eine wunderbare Rede und mir hörte ein aufmerksames und intelligentes Publikum zu.

Ich halte die Prohibition für ein fruchtbares Diskussionsthema.

Für alle, die wie ich meinen, der Alkoholkonsum habe abgenommen und deshalb seien hier alle weise, nüchtern und glücklich, kann ich nur sagen, dass das Gegenteil der Fall ist.

Ich kann nicht über die ärmeren Klassen schreiben, für die das Gesetz ohnehin streng ist, aber ich glaube nicht, dass unter den Reichen jemals so viel Alkohol versteckt und genossen wurde wie im Augenblick in Amerika. Junge Männer und Mädchen, die sich vor dieser übertriebenen Einmischung mit dem leichtesten Wein zufrieden gegeben hätten, halten es für klug, Tag und Nacht ihres Lebens das Gesetz zu brechen. Ich erzählte meinem Publikum, dass Mr. Clemens (besser bekannt als Mark Twain) mich vor vielen Jahren zum Abendessen in das Haus einer meiner Namensvetter (Mrs. Charles Tennant, deren Tochter Dorothy Stanley heiratete) eingeladen und mir von einem großen amerikanischen Abstinenzler-Redner erzählt hatte, der seine Stimme zu sehr beansprucht hatte und den Vorsitzenden gebeten hatte, bei seiner Versammlung Milch statt Wasser anzubieten. Ich wandte mich an Reverend Byron Stauffer, der ein großer Abstinenzprediger ist – was ich nicht wusste – und sagte:

„Der Vorsitzende – wahrscheinlich ein freundlicher Mann wie ich – gab Rum in die Milch, und als der Redner in einer seiner dramatischsten Passagen innehielt, um sich zu räuspern, leerte er das Glas, stellte es ab und rief:

„Meine Güte! Was für Kühe!“

Ich erzählte weiter von einer Dame, die ihr Haus vermietete und den Auktionator, nachdem sie ihn über den Wert ihrer Stühle, Möbel und Geschirr informiert hatte, im Esszimmer zurückließ, wo auf der Anrichte mehrere Flaschen Wein und Whisky standen. Sie wartete lange in der Hoffnung, dass er zurückkommen würde, um ihr das Inventar zu zeigen, aber als er nicht erschien, ging sie ins Esszimmer, wo sie ihn betrunken auf dem Boden liegend vorfand. Sie sah auf das Papier, das er in der Hand hielt, und las:

„Zu einem rotierenden Teppich."

Da ich den Fehler, den ich in Pittsburgh gemacht hatte, nicht wiederholen wollte, sprach ich eine Stunde und fünfzehn Minuten, länger kann man nicht erwarten, und da wir noch etwas Zeit hatten, bevor wir einen Mitternachtszug nehmen mussten, lud ich mein Publikum auf die Bühne ein. Daraufhin wurde die Bühne gestürmt, und ich wurde an Händen und Armen gepackt, mit Komplimenten überschüttet und, obwohl ich nie eine kräftige Erscheinung war, so bedrängt und erdrückt, dass ich mich erstickt fühlte. Mein ehrwürdiger Vorsitzender tat sein Bestes, aber erst als Mr. Horton sie mit donnernder Stimme bat, mich nicht zu bedrängen, da ich einen Zug erreichen müsse, durfte ich mich bewegen. Sie stürmten alle zur Bühnentür und riefen:

„Wir finden dich wunderbar!" „Warum kannst du nicht bei uns bleiben?" „Du musst wiederkommen!" „Du bist einfach bezaubernd!" usw.

Wir mussten eine der Türen des grünen Zimmers abschließen, aber während ich Brandy bekam und von meinem Vorsitzenden und seiner Familie beglückwünscht wurde, guckte eine sehr alte Putzfrau durch einen anderen Eingang herein und sagte mit emotionaler Schüchternheit:

„Entschuldigen Sie, aber obwohl ich nur eine arme alte Frau bin, die die Bühne fegt, möchte ich Ihnen gern die Hand schütteln. Die letzte berühmte Person, mit der ich gesprochen habe, war Mme. Calvé , nach der wir alle verrückt waren; ich darf wohl sagen, dass sie mir erlaubte, ihre Hand zu küssen."

Ich drehte mich um und küsste die alte Dame auf beide runzeligen Wangen, worauf sie mich segnete und in Tränen ausbrach. Ich wollte dasselbe tun, wurde aber durch die Anwesenheit meines fröhlichen Vorsitzenden und seiner Verwandten gestärkt. Mit einem Gefühl gespannter Dankbarkeit hörte ich die Ankündigung unseres Wagens. Ich klammerte mich an den Arm meiner Sekretärin und schwankte durch eine begeisterte Menge, die sich auf dem Bürgersteig versammelt hatte. Sie jubelten, schwenkten Taschentücher und rissen ihre Hüte in die Luft. Die Hälfte des Publikums schien gewartet und sich um unseren Wagen versammelt zu haben, und wir hatten die größte Mühe, ihn zu erreichen. Da ich wusste, dass mir so etwas wahrscheinlich nie wieder passieren wird, und mit einem Anflug von Eitelkeit, den ich selten empfinde, wünschte ich mir, mein Mann wäre da gewesen, um meinen unerwarteten Triumph mitzuerleben.

Bei unserer Ankunft in Montreal traf ich die Reporter und hielt am Nachmittag meine Rede.

Ich wurde im His Majesty's Theatre von einer entzückenden Frau vorgestellt, einer Verwandten der bekannten Lady Drummond – Mrs. Huntley

Drummond – und sprach zu einer damenhaften Versammlung bei einem Sturm aus Bier. Um meinen geliebten und alten Freund, Mr. John Hay, zu zitieren: „Mir fröstelt wie Hammelfleischsoße", und wäre meine Vorsitzende nicht von der Bühne gegangen, um mir meine Pelzboa zu bringen, hätte ich mir einen Dauerschnupfen zugezogen, der meine Stimme auf ein Flüstern reduziert hätte. Ich war erleichtert – ein Gefühl, das das Publikum, wie ich dachte, teilte –, als mein Vortrag zu Ende war.

Das Theater seiner Majestät ist ein abscheulicher Ort zum Reden, und ob es nun an der Erschöpfung einer nächtlichen Reise lag oder an der Kultiviertheit meiner Zuhörerinnen, ich hatte einen ungünstigen Eindruck von den intellektuellen Manieren und der Vitalität Montreals. Als ich mich in die Kulissen der Bühne zurückzog, machte ich Mrs. Drummond auf zwei Frauen in der ersten Reihe aufmerksam, deren Aufmerksamkeit und Begeisterung für mich während der Vorlesung den entscheidenden Unterschied gemacht hatten. Eine hatte ein männliches Gesicht mit einem ernsten und schönen Ausdruck, und ihre Nachbarin war ein reizendes Geschöpf.

, sagte sie, „sind Mrs. Hayter Reed und Mrs. Lawford ."

Zu meinem Glück kamen sie in den Green Room, begleitet von Oswald Balfour – Militärsekretär des Generalgouverneurs –, gefolgt von einem alten Mann mit einer riesigen Tasche voller Golfschläger und mehreren anderen freundlichen Leuten. Der alte Mann zeigte mir ein Foto meines Vaters, das er auf dem Golfplatz in Carnoustie bekommen hatte und das mich tief berührte; und meine Freunde in der ersten Reihe umarmten mich und versicherten mir, dass sie von allem, was ich gesagt hatte, begeistert gewesen seien und sich nur danach sehnten, mehr von mir zu sehen. Mrs. Drummond – eine Frau von außergewöhnlicher Intelligenz – schloss sich diesem Lob an, und nachdem Oswald – dessen Mutter, Lady Francis Balfour, die beste Rednerin Englands ist – meine Stimmbildung, mein allgemeines Auftreten und meine Darbietung als professionell bezeichnete, zog ich mich aus der verhaltenden und kritischen Gesellschaft zurück.

Mein Gastgeber an diesem Abend war Sir Frederick Taylor, und ich traf Lady Drummond und Mr. Charles Hosmer in seinem schönen Haus. Er war mehr als freundlich zu mir, und ich stellte fest, dass sie die meisten meiner persönlichen Freunde kannten. Als Lady Drummond sagte, ich hätte ein schönes Lächeln, und die Zeitungen, ich hätte eine goldene Stimme, fühlte ich mich auf meiner Reise nach Ottawa weniger erschöpft.

Niemand, der noch nie auf Tournee in Amerika war, kann sich die Ermüdung durch überfüllte Aufzüge, wackelige Züge und ewiges Reisen vorstellen.

IX
IN KANADAS HAUPTSTADT

APATHIE UND ZUCHT DES PUBLIKUMS IN OTTAWA – PRIVATES GESPRÄCH MIT PREMIERMINISTER MACKENZIE KING – DIE STATUE VON „SIR GALAHAD" UND IHRE GESCHICHTE

Wir kamen am 1. März in Ottawa an und aßen mit Sir George Perley und seiner Frau zu Mittag (die sich auf der *Carmania* mit mir angefreundet hatten). Lady Perley ist ein Schatz an Freundlichkeit und Verständnis, und nichts, was ich ihr jemals tun könnte, könnte ihr das vergelten.

Beim Mittagessen traf ich Herrn Meighen und den kanadischen Premierminister. Als meine Gastgeberin den unterlegenen Minister und Herrn MacKenzie King zu einem Treffen einlud, erinnerte sie mich an die frühen Tage, als sich im Haus meines Vaters Herr Gladstone, Lord Randolph Churchill und andere Kabinettsminister rivalisierender Parteien trafen und über Politik diskutierten.

Ich war Herrn Meighen dankbar für die Herzlichkeit, mit der er mich begrüßte, denn die einfallsreiche kanadische Presse hatte meine Äußerungen über ihn mit spontanen Bemerkungen ergänzt. Ich saß neben Herrn MacKenzie King, aber da wir keine Gelegenheit zu einem privaten Gespräch hatten, lud er mich nach dem Vortrag zum Abendessen zu ihm nach Hause ein.

Die Hauptstadt des Dominion ist eine wunderschöne Stadt mit wunderbarer Lage, die trotz der Schneebedeckung lebendig war und vor Glitzer und Sonnenschein strahlte.

Einen größeren Kontrast zu den Zuhörern in New York, Boston, Chicago, Rochester oder Toronto als den, den ich in Ottawa ansprach, kann man sich kaum vorstellen, und ich erkannte etwas von der Apathie und der Gewöhnung wieder, die meine Zuhörer in Montreal charakterisiert hatten. Ich wurde mehreren ausgewählten und eleganten Leuten vorgestellt, und ein Gentleman gab mir eine Liste unserer britischen Aristokratie, von denen er die meisten gekannt und mit ihnen zusammengearbeitet hatte. Ich hätte ihm am liebsten den Arm auf die Schulter gelegt und mitfühlend gesagt: „Das macht nichts!", aber ich hielt mich zurück. Als der Vortrag zu Ende war, fuhr ich mit dem Auto zu Mr. Kings Privatgemächern.

Der kanadische Premierminister ist ein Mann ganz nach meinem Geschmack: klug, aufrichtig, bescheiden und kultiviert. Ich war überrascht, wie viel er nicht nur über die politische Situation in England, sondern auch über die Hauptpersonen wusste, die daran beteiligt waren. Nachdem wir über

Lloyd George, Churchill, Lord Birkenhead und Bonar Laws kanadischen Freund Lord Beaverbrook gesprochen hatten, sprachen wir über Sir Wilfred Laurier, Präsident Harding und Mr. Hughes. Er sprach mit aufrichtiger Bewunderung über Mr. Hughes' Rede und die Washingtoner Konferenz und stimmte mit mir darin überein, die vielen sinnlosen Konfabulationen, die ihr vorausgegangen waren, zu verurteilen.

Er fragte mich nach dem Irischen Freistaat und den Arbeitsbedingungen in England. Da er die meisten Streiks in Kanada beigelegt hatte, interessierte er sich für die Arbeitslosigkeit.

Ich sagte ihm, dass das „für Helden lebenswerte Land" ein weniger angesagter Urlaubsort sei als allgemein angenommen; und dass dank der Politik der „offiziellen Repressalien" der Boden nicht so vorbereitet worden sei, dass Craig oder Collins blindes Vertrauen in die Koalition hätten. Er sagte mir, dass Repressalien für alle nachdenklichen Menschen ein Schock gewesen seien; und er zeigte auf ein schönes italienisches Bild unseres Herrn, das an der Wand hing, und fragte mich, ob sein Leben mich ebenso fasziniert habe wie seines.

Ich sagte, dass es meiner Ansicht nach die einzige Möglichkeit sei, in Seinen Fußstapfen zu treten und jene Reinheit des Herzens zu erlangen, die es uns ermöglicht, Gott zu sehen. Dann ging ich hinüber, um das Bild zu betrachten.

Man muss sich nicht lange in Kanada aufhalten, um vorherzusagen, dass MacKenzie King all seinen Mut und seine Unabhängigkeit brauchen wird, wenn er der Feindseligkeit seiner konservativen und angesehenen Gegner die Stirn bieten will. Aber wenn es ihm gelingt, sich bei denkenden Menschen einen Namen zu machen, dürfte seine Regierung erfolgreich sein.

Am nächsten Tag war ich wieder Gast des Premierministers und traf eines der beiden amtierenden Mitglieder für Ottawa, Herrn Hal McGiverin ; den ehrenwerten Dr. Henri Beland (Minister für die zivile Wiederherstellung der Soldaten), der bei Ausbruch des Krieges ein angesehener Arzt in Belgien gewesen war. Er schrieb „Tausend und ein Tag im Berliner Gefängnis", nachdem er von den Deutschen gefangen genommen und über drei Jahre lang eingesperrt worden war. Während seiner Haft starb seine Frau in Belgien, und es war ihm nicht gestattet, an ihrem Sterbebett oder ihrer Beerdigung teilzunehmen. Der ehrenwerte George Graham, Minister für Miliz, dessen einziger Sohn im Krieg getötet wurde; der ehrenwerte Sir Lomar Zu unserer Mittagsgesellschaft gehörten Justizminister Gouin und die einzige andere Dame, Mrs. GB Kennedy. Wir unterhielten uns allgemein, was mein Stiefsohn Raymond einmal als eine Reihe „hässlicher Hektik und peinlicher Pausen" beschrieb, aber bei dieser Gelegenheit war es erfolgreich, da wir unter anderem über Politik und Literatur diskutierten.

Ich fragte meinen Nachbarn , was die Statue sei, die in der Nähe des Parlamentsgebäudes eine so wunderbare Aussicht bot. Er sagte, es sei „Sir Galahad" und sei zur Erinnerung an eine Heldentat errichtet worden und habe keine weitere Inschrift. Er erzählte mir, dass ein junger Mann namens Henry Albert Harper mit einem Freund Schlittschuh lief, als er bemerkte, wie vor ihm ein Paar durch eine plötzliche Eisspalte im Fluss verschwand. Er schickte seinen Begleiter ans Ufer, um Hilfe zu holen, und legte sich hin, streckte seinen Spazierstock aus, um zu sehen, ob die Dame im Wasser oder ihr Freund ihn ergreifen könnten. Als er sah, dass dies unmöglich war, da keiner von ihnen ihn erreichen konnte, stand er auf und zog seinen Mantel aus. Die anderen Schlittschuhläufer flehten ihn an, nicht zu versuchen, sie zu retten, da dies den sicheren Tod bedeuten würde.

„Was kann ich sonst tun?", sagte der junge Harper und stürzte sich in die eisige Strömung. Ihre Leichen wurden am nächsten Morgen gefunden.

Als ich hörte, dass Mr. MacKenzie King eine Abhandlung über Harper geschrieben hatte – der sein bester Freund gewesen war –, bat ich ihn, mir ein Exemplar davon zu geben. Er schickte es mir mit seinem Autogramm darin und bat mich, seinen Band meiner eigenen Autobiografie zu signieren. Es tat mir wirklich leid, dem kanadischen Premierminister Lebewohl zu sagen.

Am nächsten Morgen kehrten wir nach Montreal zurück, wo ich in meinem Zimmer einen Blumengarten vorfand, den mir Mrs. Reed, Mrs. Lawford und Lady Drummond geschenkt hatten. An diesem Abend sprach ich in einem Ballsaal voller leerer Stühle und Kronleuchter, aber meine Blumen und die Damen, mit denen ich anschließend zu Abend aß, trösteten mich. Und ich hoffe und glaube, dass ich mit Mrs. Hayter Reed und Mrs. Lawford dauerhafte Freundschaften geschlossen habe .

Frau Reed erzählte mir, dass der kleine Sohn ihrer Freunde, der sich immer geweigert hatte, einen Juden zu treffen, sie eines Tages mit vorwurfsvoller Stimme aus der Fassung gebracht hatte:

„Mutter, du hast mir nie erzählt, dass Jesus Christus ein Jude war."

Als er den bekümmerten Ausdruck auf dem Gesicht seiner Mutter sah, fügte er tröstend hinzu: „Aber das macht nichts, denn Gott war ein Presbyterianer."

Als ich in dieser Nacht wach lag, fragte ich mich, was ich gefühlt hätte, wenn ich einen Mann geheiratet hätte, der eingewilligt hätte, entweder Generalgouverneur von Kanada oder Vizekönig von Indien zu werden. Ich kann mir keine Karriere vorstellen, außer vielleicht die eines niederen Mitglieds des Königshauses, die mir so viel bedeutet hätte. All die großen Ämter, das persönliche Prestige, die wundervolle Landschaft, das

Schweinestallen im Osten oder das Schlittschuhlaufen im Dominion konnten für mich Freundschaften ohne Intimität und Erhabenheit ohne Fröhlichkeit nicht wettmachen. Ich kam zu dem Schluss, dass sich nur Männer mit einer gewissen Eitelkeit und Ambition oder mit einem hohen Sinn für öffentliche Pflichten finden ließen, die diese ehrenvollen Positionen ausfüllen konnten.

X
REFLEXIONEN IM ALLGEMEINEN

NACHTEILE DES AMERIKANISCHEN JOURNALISMUS – SENSATIONSSCHLAGZEILEN; ANGST VOR DER PRESSE – KONTROVERSE ZUR PROHIBITION MIT LORD LEE – EINDRÜCKE VOM US-SENAT

Wir frühstückten am nächsten Morgen um 5.30 Uhr und kamen um zehn Uhr abends in New York an, wo uns ein Raum voller Presseleute begrüßte. Als die Reporterinnen zu mir sagten:

„Was denken Sie, Mrs. Asquith, angesichts Ihrer umfassenden Kenntnis der vielen Tendenzen im weiblichen Gehirn, der modernen Wahrscheinlichkeitsrechnung usw.?", erinnert mich Sir Walter Raleighs ausgezeichneten Ausspruch: „Aufwärts stolpern in die Leere."

Eine dieser eifrigen Damen musterte ihre intelligenteren männlichen Begleiter und sagte:

„Sagen Sie mir, Mrs. Asquith, ist es nicht wahr, dass Ihnen die Meinung jeder lebenden Person gleichgültig ist und Sie gerne kluge und gewagte Dinge sagen?" Ich antwortete:

„Nein, das überlasse ich dir."

Ich erzählte ihnen von MacKenzie King, von dem sie noch nie gehört hatten, und was Mr. Horton und ich auf unseren Reisen über die abscheulichen Folgen der Prohibition beobachtet hatten. Ich sagte, sie sei ein so übertriebener Eingriff in die private Freiheit, dass kein ehrlicher Mensch Amerika ein freies Land nennen könne.

Bei meiner Ankunft fand ich viele Briefe aus England zur politischen Krise vor. Und wenn ich das aus dieser Entfernung beurteilen kann, scheint die Koalition dem Untergang geweiht.

Da ich schon immer davon überzeugt war, dass eine Parteiregierung die beste Lösung für die Demokratie ist, bin ich der Meinung, dass Sir George Younger das Victoria-Kreuz verdient. Es wird interessant sein zu sehen, wie viele der schüchternen Konservativen wieder genug Mut finden, ihm zu folgen. Der Unfug, der zwischen meinem Mann und Lord Grey getrieben wird, lässt mich kalt.

Ihre Freundschaft lässt sich nicht so leicht trennen, und das House of Lords und das House of Commons sind getrennte Institutionen.

geplagt war und von der achtzehnstündigen Reise erschöpft, befürchtete ich, bei meiner Ankunft in New York weder freundlich noch informativ gegenüber den Reportern gewesen zu sein. Als ich jedoch am nächsten Morgen die Zeitungen durchsah, stellte ich fest, dass sie mich freundlich und zuvorkommend behandelt hatten.

Der Journalismus ist hier nicht nur eine Obsession, sondern ein Nachteil, der nicht hoch genug eingeschätzt werden kann. Politiker haben Angst vor der Presse, und so wie Stierkämpfe eine brutalisierende Wirkung auf Spanien haben (dessen sich das Land nicht bewusst ist), so erregen und demoralisieren Schlagzeilen über Mord, Vergewaltigung und Unsinn die amerikanische Öffentlichkeit.

Ich möchte klarstellen, dass nicht die Reporter, sondern die Besitzer der Zeitungen getadelt werden sollten. Mit Ausnahme einiger geschwätziger und großspuriger Gänse, die es für klug halten, freche und bedeutungslose Fragen zu stellen, waren die männlichen Reporter, die ich getroffen habe, nicht nur ernsthaft und intelligent, sondern auch Männer, mit denen ich über Literatur, Politik und Religion diskutiert habe; aber ich nehme an, es würde sich für ihre Redakteure nicht lohnen, Gespräche dieser Art zu veröffentlichen. Selbst auf der Titelseite der besten Zeitungen wird Absatz für Absatz in schlechtem Englisch über verheerende Belanglosigkeiten berichtet. Gewalttätige und unwissende junge Männer oder „Flapper" – für die die Öffentlichkeit hier ein unnatürliches Interesse zu haben scheint – könnten leicht annehmen, dass ihre beste Chance auf Erfolg im Leben darin besteht, eine Sensation zu erzeugen. Welchen Nutzen kann es haben, eine Sensation zu erzeugen? Wer profitiert davon? Welchen Einfluss kann so etwas auf die Moral einer großen und vitalen Nation haben? Wenn Christus heute mit seinen Warnungen vor der Weltlichkeit auf die Erde käme, würde ihn die Menge, nachdem sie ihm einmal zugehört hatte, nicht kreuzigen, sondern auf der Stelle erschießen.

Man muss sich nur die Zeitungskommentare über Abraham Lincoln ansehen, um zu sehen, dass Beschimpfungen und Falschdarstellungen schon damals weit verbreitet waren. Er wurde jeden Tag seines Lebens verfolgt und verleumdet, aber er war, wie mein Mann, pressesicher.

Wenn die Redakteure das nur erkennen würden : Der öffentlichen Meinung zu folgen, statt sie zu lenken, ist letztlich langweilig und führt zu eintöniger Lektüre.

In England versuchen wir, unsere journalistischen Standards auf das Niveau der Vereinigten Staaten zu heben, aber ohne unangemessene Überlegenheit zu beanspruchen, glaube ich nicht, dass uns das gelingen wird. Unser Volk hat genug gesunden Menschenverstand, um solche Missgeschicke abzumildern, und wir müssen uns nur an die Parlamentswahlen von 1905-6 erinnern, als jede Morgenzeitung in London, mit Ausnahme der *Daily News* , gegen uns war, um die Ohnmacht der Presse zu erkennen .

Angst ist ebenso unproduktiv wie verachtenswert, und solange nicht irgendein großer Mann den Mut hat, die Macht der Presse in Amerika zu brechen, wird der Fortschritt immer über die Zivilisation hinausgehen .

*   *   *   *   *   *   *

Ich fuhr drei Stunden im Abendkleid in einen Vorort von New York. Ich bin die abscheulichen Züge so leid, dass ein Flugzeug oder ein Kinderwagen eine Erleichterung wäre, und die Straße nach Montclair war voller interessanter Dinge. Der Himmel pulsierte in Karminrot und Gold, und die wechselnden Lichter in Grün und Weiß, die sich in einem Fluss spiegelten, der zu beiden Seiten von hohen schwarzen Gebäuden und spitzen Türmen bewacht wurde, hinterließen bei mir einen Eindruck von Whistler-ähnlicher Schönheit.

Wir speisten mit begeisterten und gastfreundlichen Leuten und ich hielt einen Vortrag vor einem begeisterten Publikum. Ich weiß nicht, wie das bei professionellen Rednern ist, aber bei Laien halten der Vorsitzende und das Publikum die Rede. Pfarrer Swan Wiers stellte mich mit einer eloquenten Ansprache vor, für die ich ihm herzlich dankte.

Am nächsten Tag kam ich in Providence an, um von drei jungen Damen interviewt zu werden. Nach den üblichen Fragen zu Prinzessin Marys Unterwäsche und den „Flappern" sagte eine von ihnen, sie sei gekommen, um mich nach Englands größtem Mann zu fragen. Ich sagte ihr, wir hätten so viele, dass ich dankbar wäre, wenn sie mir den Namen nennen könnte, den sie meinte.

„Wollen Sie mir sagen, wer Ihre großen Männer sind?", antwortete sie.

„Nun", sagte ich, „wir haben Hardy, Kipling, Lord Morley, Lord Grey, Lord Buckmaster und Mr. Balfour."

„Oh nein!", antwortete sie, „ich möchte alles über Lloyd George erfahren."

„Ich fürchte, Sie müssen selbst über ihn lesen", sagte ich, „und wenn Sie sich durch die täglichen Kolumnen mit Filmen, Flappern, Morden und Schlagzeilen hier bis hin zu unserem anonymen Klatsch über Downing Street in meinem Land kämpfen, werden Sie vielleicht herausfinden, was Sie wissen möchten."

Die anderen Damen intervenierten, als sie erwiderte:

„Dann weigern Sie sich, es mir zu sagen?" Und da im ganzen Hotel das elektrische Licht ausgefallen war und wir nur auf eine einzelne Kerze blinzeln konnten, dachte ich, es wäre gut, ihren intelligenten Fragen ein Ende zu setzen.

Das Publikum in Providence bestand größtenteils aus leeren Stühlen, aber es war ein riesiger Saal, und als der Vortrag zu Ende war, kamen einige der fünfhundert Zuhörer auf mich zu und baten mich, meinen Namen in verschiedene Alben und auf Zetteln einzutragen. Sie sagten:

„Sie haben uns heute Abend einen so wunderbaren Vortrag gehalten, dass Sie unbedingt wieder hierher kommen müssen." Worauf ich lächelnd antwortete:

„Niemals auf der Welt! Eine Stunde und fünfzehn Minuten mit Leuten zu sprechen, die nie klatschen, ist, als würde man seinen Kopf gegen die Wand schlagen." Daraufhin sagte eine der Damen:

„Sie haben ganz recht, Mrs. Asquith, in Providence herrscht große Apathie und mangelnde Manieren."

„Warum sollten Sie klatschen", sagte ich, „wenn es Sie nicht interessiert?" Da protestierten alle.

„Wir hatten Angst, auch nur ein Wort von dem zu verpassen, was uns Spaß machte", sagte eine bezaubernde Frau, worauf ich antwortete:

„Ich wäre still wie eine Statue dagestanden, wenn einer von euch daran gedacht hätte, mir zuzujubeln!"

Wir nahmen den Mitternachtszug nach New York, wo wir am nächsten Morgen um sechs Uhr ankamen, und ich hatte das Gefühl, nach Hause zurückzukehren.

Am 8. März veröffentlichte die *New York Times* auf ihrer Titelseite:

„LORD LEE VERTEIDIGT AMERIKANISCHE JUNGE
FRAUEN

„Die Anschuldigungen von Mrs. Asquith sind grausam, lächerlich und unwahr!"

„Bei einem Mittagessen der englischsprachigen Union sagte Lord Lee, die Aussage, die seiner berühmten Landsfrau zugeschrieben werde, die sich jetzt in den Vereinigten Staaten aufhalte, sei ebenso grausam wie lächerlich und unwahr. Er fügte hinzu, er könne dies aufgrund dreißigjähriger persönlicher Beobachtungen in Amerika und zuverlässiger Informationen aus verschiedenen Bereichen bezeugen und er spreche ernst."

Lord Lee muss nur für zehn Tage hierher reisen, um seine Meinung zu ändern. Auch ich meine es ernst und bin ein starker Befürworter der Mäßigung. Die Alkoholkontrolle war neben vielen anderen Reformen das politische Ziel meines Mannes, seit er Kabinettsminister wurde, aber da das sogenannte „The Trade" die Stimmen und den Segen der Konservativen Partei in England hat, wurden alle unsere Gesetzesentwürfe zur Kontrolle des Alkoholkonsums vom House of Lords vereitelt.

Wir trinken weniger als unsere Vorfahren , nicht weil wir moralischer wären, sondern aus gesundheitlichen Gründen. Unsere Leute sind sportbegeistert, und man kann weder so gut schießen noch reiten, wenn man sich über Nacht Champagner, Portwein, Liköre, Brandys und andere Getränke gönnt .

Die erste Frage, die mir gestellt wurde, als ich amerikanischen Boden betrat, war, ob ich die Prohibition gutheiße. Ich sagte, ich halte sie für eine gute Idee und ein Beispiel, dem letztlich die ganze Welt folgen werde; ich gehe davon aus, dass leichte Weine und Bier diese etwas übertriebene Maßnahme mit der Zeit abmildern würden; aber da sich herausgestellt habe, dass die meisten der wegen Gewaltverbrechen verurteilten Männer unter Alkoholeinfluss standen, würden sich die Gefängnisse und Irrenanstalten nach und nach leeren. Ich fügte hinzu, dass viele Berühmtheiten sowie vielversprechende junge Männer und einige der besten Diener, die ich in meinem Leben kennengelernt hatte, durch den Alkohol ruiniert worden seien und dass dies ein Thema sei, das mich tief berühre.

Ich sah sofort, dass meine Aussage unpopulär war, wiederholte jedoch in allen meinen frühen Vorlesungen dieselbe Meinung und fügte hinzu, dass Gicht, Rheuma, Arthritis und andere Nervenkrankheiten zwar nicht verursacht, aber sicherlich durch eine Alkoholvergiftung begünstigt worden seien, die von Generationen von Männern geerbt worden sei, die zu viel getrunken hätten.

Ein sehr kurzer Besuch hier hat mich davon überzeugt, dass die Prohibition, so wie sie derzeit umgesetzt wird, sowohl „lächerlich als auch grausam" ist. Die Wohlhabenden können sich die Getränke holen, die sie wollen. Junge Männer und Frauen sowie Erwachsene teilen mit ihren Freunden und Bewunderern alle Freuden, die mit der Missachtung des Gesetzes einhergehen. Aus dem, was man mir erzählt hat, habe ich keinen Zweifel, dass die Macht der Saloon League-Lobby gebrochen werden musste und dass die Männer, die dies erreicht haben, höchstes Lob verdienen, aber kann irgendjemand wirklich sagen, dass das Prohibitionsgesetz eingehalten wird? Sind Mr. Volstead oder Mr. Pussyfoot Johnson mit dem gegenwärtigen Zustand der Dinge in ihrem Land zufrieden?

Es gibt einen Text im Johannesevangelium,

„Die Wahrheit wird euch frei machen."

An Wahrheit mangelt es hier nicht, aber an Freiheit mangelt es. Und ich denke, dass die Presse, die über die Geschehnisse auf dem Laufenden gehalten wird, mit ihren Befugnissen in dieser Angelegenheit viel mehr tun könnte, als sie es tut.

Es kann nicht richtig sein, dass junge Leute jeden Tag mit ansehen müssen, wie ihre Eltern und Freunde das Gesetz betrügen. Und wer von ihnen denkt schon daran, die Armen aufzumuntern, die vermutlich von ihrer Arbeit genauso müde werden wie die Müßiggänger von ihren Vergnügungen! Was ich auf jeder Plattform gesagt habe und was Lord Lee in seinem großzügigen Wunsch, die Jugend dieses Landes zu verteidigen, bestreitet, ist nicht „grausam, lächerlich und unwahr", sondern eine Platitüde.

Ich habe aus allen Teilen des Landes unterzeichnete Briefe erhalten, in denen man mir für die Äußerung meiner Meinung dankt. Aus einem dieser Briefe möchte ich zitieren:

" *New York City* , 9. März 1922.

Gnädige FRAU ,

„Wenn Sie einen wirklich stichhaltigen Beweis für die Richtigkeit Ihrer Bemerkung wünschen, dass sich Mädchen beim Tanzen betrinken, brauchen Sie nur unauffällig jemanden dorthin zu schicken [ich werde den Namen des Ortes nicht nennen], um von den Kellnern und Kellnerinnen einen Bericht über den beklagenswerten Zustand zu erhalten, in dem Dutzende von Mädchen nach zwei Bällen nach Hause gebracht wurden, die kürzlich im Hotel —— stattfanden, einem der vornehmsten Hotels in den Vororten von New York.

„Es war nicht die Schuld des Managements und mir wurde gesagt, dass Tänze dieser Art dort nicht mehr erlaubt sein werden.

„Ich bin die sehr angewiderte Schwester eines der jungen Mädchen und versuche mit aller Kraft, sie davon abzubringen, auf diesen Partys alkoholische Getränke zu akzeptieren. Mit freundlichen Grüßen usw."

[Ich werde die Signatur nicht veröffentlichen.]

Dies ist nur einer von vielen Briefen, die ich zum gleichen Thema erhalten habe.

Nachdem die *New York Times* die Erklärung von Lord Lee veröffentlicht und ich meinen Standpunkt vollkommen klar dargelegt hatte, wurde mir ein Zeitungsausschnitt zugesandt – aus welcher Zeitung, weiß ich nicht.

„Margot stellt sich auf die Seite der Gegner der Prohibition: Sie ist zu den Anti-Prohibitionisten übergelaufen."

Dies ist ein typisches Beispiel für die Ungenauigkeit der amerikanischen Presse. Redakteure unterscheiden nicht zwischen halben und ganzen Worten, aber niemand muss das ernst nehmen, denn Verbrechen und Schlagzeilen lassen ihre Leser schnell vergessen, was Lord Lee gesagt oder was ich angezweifelt habe.

Am 10. nahm mich meine Tochter Elizabeth mit zu einem vornehmen Wohltätigkeitsfest in einem großen Ballsaal in New York, wo ich meinen Schwiegersohn zum ersten Mal sprechen hörte. Ich beneidete ihn um seine Selbstbeherrschung; denn obwohl man mir sagte, dass mein Benehmen mich nicht verrät, bin ich vor den sogenannten „Vorlesungen" so nervös, dass ich nichts esse, und danach so erschöpft, dass mir die leichteste Mahlzeit Magenverstimmung bereitet.

Nachdem wir unter einem Publikum gelitten hatten, das zwar mehr als dankbar war, aber selten klatschte, waren Mrs. Frank Polk und ich entschlossen, Antoine Bibesco nicht in die gleiche Verlegenheit zu bringen. Unsere freundlichen Absichten wurden jedoch vereitelt, da alles, was er sagte, mit Begeisterung aufgenommen wurde. Sein hübsches Gesicht und seine feinen Manieren sowie die Beliebtheit seiner Frau (obwohl es nicht üblich ist, seine Tochter zu loben) haben sie in diesem gastfreundlichen Land sehr beliebt gemacht.

Als ich die Veranstaltung verließ, wurde ich von einer Reporterin überrascht:

„Ist es nicht wahr, dass Sie ohne Seine Hoheit Prinz Bibesco Ihre Tagebücher nie veröffentlicht hätten, Mrs. Asquith?", fragte sie. Worauf ich antwortete:

„Ich habe meine Tagebücher nicht veröffentlicht. Ich habe, ermutigt von einigen meiner Freunde, den ersten Band meiner Autobiographie geschrieben – aber niemand hat meine literarischen Bemühungen mit mehr Scharfsinn und Einsicht kritisiert als mein Schwiegersohn."

„Können Sie mir keine Geschichte für meine Zeitung geben?", sagte sie.

Die Tapferkeit von Mr. Nelson Cromwell und die Geistesgegenwart von Mrs. Frank Polk ersparten mir weitere Gespräche.

Mr. Clarence Mackay lud mich nach dem Abendessen zu einem Konzert in sein schönes Haus ein, wo ich einige der amerikanischen Männer traf, die mir am meisten am Herzen liegen – Mr. Polk, unseren Ex-Botschafter Mr. Davis und Colonel House. Ich saß neben letzterem, mit dem ich mich gut unterhielt, und da ich Kreisler – den größten lebenden Violinisten – hören und Elizabeths glühende Begeisterung und den melancholischen Ausdruck ihres Mannes beobachten konnte, war ich für die Mitternachtsreise, die wir nach dem Ende der Party nach Washington antraten, getröstet.

Meine Liebe zu meinem Enkelkind, das Gekicher, das Seidenpapier beim Auspacken vor meiner Tür und das Gejammer der Katze „Minnie" ließen mich morgens nicht zur Ruhe kommen, als ich ankam, und als ich nach dem Mittagessen in den Senat ging, konnte ich kaum wach bleiben. Der Viermächtevertrag wurde diskutiert, aber die Debatte verlief träge, und es waren mehr Sitze unbesetzt als Senatoren, die sprachen.

Abgesehen von einer Tribüne erinnert mich der Senat an die *Chambre* in Paris. Jeder läuft herum, und man kann nicht sicher sein, ob einer der Senatoren von dem Platz aus spricht, den er am Tag zuvor eingenommen hat, was für einen Fremden ziemlich verwirrend ist.

Um 16.30 Uhr besuchte ich Mr. Hughes im Außenministerium. Er ist außergewöhnlich gutaussehend und hat nicht nur eine bemerkenswerte Intelligenz, sondern auch charmante Manieren. Wir sprachen nichts, was der Rede wert wäre. Ich erzählte ihm, was er leider schon tausendmal gehört haben muss: den tiefen Eindruck, den seine Eröffnungsrede über Abrüstung auf der Washingtoner Konferenz in meinem Land, wenn nicht auf der ganzen Welt, hinterlassen hatte; und was er vielleicht nicht so gut wusste, dass es nie ein engeres Gefühl gab als das, das heute zwischen England und Amerika besteht.

Wenn ich dies mit aller mir zur Verfügung stehenden Beredsamkeit in jeder Vorlesung sage, wird es zwar immer bejubelt, aber selten erwähnt, und in einer der Zeitungen las ich:

„Was Frau Margot Asquith über den Händedruck zwischen Großbritannien und den Vereinigten Staaten sagte, ist zweifelhaft, wenn nicht konventionell." Ich bin froh, als konventionell bezeichnet zu werden, aber was ich sage, ist nicht zweifelhaft; es ist wahr.

Ich sehe, dass Byron in einem seiner kürzlich veröffentlichten Briefe an Lady Melbourne schreibt:

„Ich wünschte, dass … seine Rede bei der oben genannten Versammlung in Durham nach ihrer ersten Darbietung nicht noch einmal pro Woche halten würde.

„Immer Ihr nepotistischster Freund,
„B."

Doch trotz Byrons weiser Warnung wiederhole ich in jeder Vorlesung dasselbe, weil ich zutiefst davon überzeugt bin, dass der Zusammenhalt der englischsprachigen Nationen nicht nur wichtig, sondern auch von entscheidender Bedeutung für den Frieden in Europa ist. Und mit dieser Ansicht bin ich alles andere als originell.

XI
SYRACUSE UND BUFFALO

STADT DER KULTUR UND SCHÖNHEIT – NIAGARAS NATÜRLICHE SCHÖNHEIT DURCH REKLAMEPLATTEN VERUNREINIGT – MARGOT LIES ÜBER SICH

Am 13. März fuhren mich meine Tochter und ihr Mann mit dem Auto nach Baltimore, wo wir, nachdem wir vor einem aufmerksamen Publikum gesprochen hatten, den Mitternachtszug nach Utica nahmen und von dort zum Onondaga Hotel in Syracuse fuhren. Dies ist eine Universitätsstadt voller Kultur und Schönheit, und ich wünschte, ich hätte Zeit gehabt, mehr davon zu sehen.

Ich wurde meinem Publikum von Dekanin Richards vorgestellt, einer fähigen und angesehenen Dame am College, und nach dem Vortrag kamen mehrere Leute auf mich zu und sprachen hinter den Kulissen mit mir.

Ich habe in jeder Stadt, die ich besucht habe, viele bemerkenswerte Briefe und Einladungen erhalten, nicht nur zum Mittag- und Abendessen, sondern sogar zum Übernachten in Privathäusern. Hätte ich bei meiner Abreise aus England nur die großen Entfernungen hier erkannt , wäre ich früher aufgebrochen und hätte eine längere Reise unternommen, aber ich fahre zu den Osterferien meines Sohnes nach Hause und war daher gezwungen, viel Gastfreundschaft abzulehnen. Falls jemand diese Eindrücke liest, möchte ich, dass er weiß, wie tief mich ihre spontane Großzügigkeit berührt hat. Ich werde einen Brief zitieren, der mir in Syrakus in die Hände gegeben wurde:

13. März 1922.

" *Mrs. Asquith* ,
" SEHR GEEHRTE Frau ,

„Wenn jemand einem anderen ein Geschenk gemacht hat – wie zum Beispiel ‚Das Tagebuch der Margot Asquith' – sollte der Begünstigte dem Schenkenden dann nicht seine Wertschätzung ausdrücken? Ich denke schon. Und diese Überzeugung muss die Entschuldigung dafür sein, dass ich mich so weit traue, Sie anzusprechen, Mrs. Asquith, um Ihnen dafür zu danken, dass Sie uns – die wir in einer so anderen Welt leben als Sie – einen Einblick in Ihren Geist gewährt haben, so farbenfroh, so lebendig, so edel. Und der Reiz daran ist, dass diese Farbe, Lebendigkeit, Verve und dieser Charme nicht bewusst und schwerfällig zur Schau gestellt werden – sondern leicht und bezaubernd, wie ein Schmuckstück – ein Juwel.

„Ich bin weder jung noch neige ich zu Verzückungen; ich bin älter als Sie, und ich danke Ihnen nur für die Strahlkraft, die Ihre Schriften auf mein

Leben geworfen haben; und wenn ich Sie morgen Abend im Opernhaus in Syrakus sehe und höre, werden Sie vielleicht wissen wollen, dass eine unter vielen glücklichen Menschen eine Erfüllung genießt, von der sie nicht einmal zu träumen gewagt hätte.

„Mit allen guten Wünschen an Frau Asquith hier an unseren Küsten und jenseits des Meeres bin ich,

„Mit freundlichen Grüßen,
„EA S——.‟

Es gab noch weitere Briefe, die ich gerne zitieren würde, aber aus Angst, meine Leser zu langweilen, werde ich mit dem folgenden abschließen, der aus Chicago geschrieben wurde:

" *An Margot Asquith* ,

„Ich habe Ihren Band vor einem Jahr gelesen und sofort entschieden, dass ich sie, wenn es ein Mädchen wäre, ‚Margot‘ nennen würde.

„Dienstagabend habe ich Sie in der Orchestra Hall gehört und gesehen. Ihre Begeisterung, Ihre Lebensfreude, die luftige Anmut Ihrer Bewegungen und der Charme Ihres Lächelns werden mir immer in Erinnerung bleiben.

„Ich hoffe, dass mit dem Namen ‚Margot‘ auch etwas von Deinen vielen Qualitäten auf meine Kleine übergeht.

„Mögest Du lange leben, Margot Asquith, ist der Wunsch von,

„MMF——.‟

Am 16. kamen wir in Buffalo an, wo wir, nachdem wir die übliche Armee von Fotografen und Reportern gesehen hatten, die 25 Meilen weit nach Niagara fuhren.

Ich hatte mir immer vorgestellt, dass die Fahrt zu den Fällen lang, langsam, gefährlich und steil sein würde; dass dieses erstaunliche Schauspiel an einem wilden und einsamen Ort liegen müsste, wo es vielleicht ein romantisches Hotel mit Balkonen für die Touristen gäbe, die von weit her angereist waren, um es zu sehen; dass man es jedoch über eine gerade, flache und belebte Straße erreicht, auf der die Straßenbahnen den ganzen Weg von Buffalo City ihren stetigen Kurs verfolgen. Die Niagarafälle liegen alles andere als an einem einsamen Ort, sondern sind von Gasometern, Stahlfabriken und Schornsteinen umgeben. Es wäre ebenso lächerlich wie anmaßend, wenn ich über ihre Schönheit und Großartigkeit schreiben würde, aber als mein Zimmermädchen sagte, sie hätte erwartet, dass sie „fremdartiger“ seien, widersprach ich ihr nicht.

Mr. Hortons Bruder erzählte mir von einem Iren, der auf die Frage nach seiner Meinung antwortete: „Ich wüsste nicht, was das Überlaufen des Wassers verhindern könnte", aber ich war fast zu deprimiert, um zu lachen.

Man hätte meinen können, die gesamte Bevölkerung der Nachbarschaft hätte sich wie eine Armee erhoben, um gegen die Errichtung einer scheußlichen Stadt aus Rauch und Stahl rund um die herrlichen Niagarafälle zu protestieren. Und es war typisch für die Bevölkerung von Buffalo, dass unser Chauffeur nicht an den Wasserfällen anhielt, sondern uns, als wir ihn anhielten, sagte, er hätte angenommen, wir wollten zum Kraftwerk.

Falls ich jemals nach Amerika zurückkehre, würde es mich nicht überraschen, wenn eine Reihe fahrtsicherer Dampfschiffe so konstruiert worden wäre, dass sie die Niagarafälle hinunterfahren könnten.

Ich glaube nicht, dass in Schottland das Land der Schafhirten Scott oder Ettrick oder die Pässe von Killiecrankie oder Glencoe jemals zu kommerziellen Zwecken verändert werden.

Als völliger Außenseiter mit einer kurzen und flüchtigen Erfahrung in den Vereinigten Staaten hat mich dies mehr als alles andere beeindruckt. Die Schönheit, die in der Architektur und anderen Dingen so offensichtlich ist, scheint unterschätzt zu werden, und wo die Natur dominieren sollte, war ich auf jeder Straße, auf der ich fuhr, schockiert über die riesigen Werbetafeln und Werbungen der extravagantesten Art, die das Auge reizen und die Sicht auf etwas verzerren, das sonst unvergesslich und inspirierend wäre. Es ist überall so ziemlich dasselbe. In Chicago ist der Michigan Boulevard mit dem schönen See auf der einen Seite und prachtvollen Gebäuden auf der anderen Seite, der sich über eine lange Strecke in enormer Breite erstreckt, einer der schönsten Broadways der Welt; aber er wird durch eine vulgäre Erektion am Ende verdorben, die mit Glühbirnen in schnell wechselnden Farben irgendetwas vor dem Himmel anpreist .

Ich stellte fest, dass die Leute, die ich traf, vor allem an dem folgenden Bericht über Protestversammlungen interessiert waren:

„Geben Sie den Mädchen die Schuld für ‚ Snugglepupping ‘ und ‚Petting Parties' in Chicago."

„Eltern männlicher ‚Flappers' halten Empörungstreffen ab."

„Jungs, die dem Tempo von Fair Companions nicht folgen, werden ‚Weicheier, arme Brüste und platte Reifen' genannt."

Ich habe nur zwei Überschriften gesehen, die mich wirklich interessiert haben. Eine war:

„Ein guter Name."

Der andere: „Gesucht wird ein außergewöhnlicher Mann: aggressiv und doch fleißig, kämpferisch und doch taktvoll und würdevoll. Er muss eine gute Ausbildung haben und ein Erscheinungsbild, das ihm den Zugang zu den besten Häusern ermöglicht."

Ich würde mich sehr freuen, jedem der Männer vorgestellt zu werden, die auf diese Anzeigen antworten, obwohl ich keinen Zweifel daran habe, dass sie sich gegenseitig übertrumpfen.

Von Buffalo fuhren wir weiter nach Cincinnati, wo ich in einer Zeitung las:

„Margot

„Margot Asquith, die Frau des ehemaligen Premierministers von England, ist in Cincinnati.

„Männer, die gerne glauben, dass sie mehr wissen als ihre Frauen, würden mit einer Frau wie Margot nicht glücklich werden. Sie weiß mehr als die meisten Männer, und es gibt kaum etwas, worüber sie nicht reden kann oder will.

„Sie hat ein Buch geschrieben, das eine Enzyklopädie der Insiderinformationen zur britischen Politik und zur Geschichte ihrer Zeit ist.

„Es gibt nicht viele wie Margot. Ehemänner, die sich auch nach den Flitterwochen noch gerne unterhalten lassen, werden Asquith um seine Margot beneiden. Es muss schön sein, eine Margot im Haus zu haben."

Ich nehme an, der Autor wollte mich auf den Arm nehmen – um einen Slang-Ausdruck zu verwenden – oder vielleicht auch Mitleid mit meinem Mann haben, aber mich hat es amüsiert.

XII
INTERESSANTES ST. LOUIS

TREFFEN VOM BÜRGERMEISTER – EIN WEITERER INTELLIGENTER REPORTER – NACHRICHTEN AUS DER HEIMAT UND ANSICHTEN DARÜBER – MITTAGESSEN IM FRAUENCLUB

Wir wurden am Bahnhof von St. Louis von einer großen Schar Fotografen und Reporterinnen empfangen, angeführt vom Bürgermeister, einem vornehmen Mann namens Henry W. Kiel. Er fuhr mich zum Hotel Statler , wo meine Zimmer voller Rosen waren und wir uns trotz eines eisernen Bettes mehr als wohl fühlten. Ich bin wie Zeug, das sich garantiert nicht waschen lässt, also setzte ich mich sofort hin, um mit den Reportern zu sprechen, unter denen ich einen Mann von überragender Intelligenz bemerkte. Ätzend und verbittert unterbrach er die Frauen und bat darum, nach dem Abendessen zu uns zurückkehren zu dürfen. Mr. Paul Anderson und ich führten eine erstklassige Unterhaltung, während mein Sekretär tippte und telefonierte, bis er mit seiner üblichen Rücksicht zurückkam, um mich ins Bett zu schicken, wo ich wie eine Forelle am Ufer mit Stapeln alter *Times-Ausgaben blieb* , die Mr. Anderson mir mitgebracht hatte.

Ich las zum ersten Mal Einzelheiten über Mr. Montagues Rücktritt und musste über die verspätete Theorie der gemeinsamen Verantwortung unseres britischen Kabinetts lächeln. Wenn man sich die vielen widersprüchlichen Meinungen vor Augen führt, die von jedem Minister ohne Tadel geäußert wurden und die in der Anmerkung der Admiralität zum Geddes-Bericht gipfelten, ist die Empörung des Premierministers mehr als nur komisch. Ich nehme an, der konservative Flügel der Koalition wollte die Indianerreform, wie sie vom Vizekönig und Mr. Montague interpretiert wurde, loswerden, und ich werde mit Interesse verfolgen, welche Maßnahmen Lord Reading in dieser Angelegenheit ergreifen wird.

Ghandi zu verhaften war so unklug wie eine Kuh aus einem Tempel zu stehlen. Aus einer solchen Distanz betrachtet, sind politische Kommentare jedoch möglicherweise ebenso verspätet wie die Theorie der Kabinettsverantwortung. Und soweit ich weiß, regiert der inspirierte Agitator, der von seinem Volk geliebt wird, möglicherweise gerade Indien.

St. Louis gehört zu den interessantesten Städten, die ich besucht habe. Der Mississippi wird an beiden Ufern von riesigen Gebäuden beherrscht und von großen Brücken überspannt. Es gibt einen privaten Park, der so groß ist wie der Bois de Boulogne, und ein Freilufttheater mit Eichen auf beiden Seiten der Bühne. Die Schulgebäude und das Washington College sind von perfekter Architektur, und ich war Mrs. Moore – einer sympathischen und kompetenten Frau – dankbar, dass sie mich zum Tee in ein schönes Clubhaus fuhr, was mir Gelegenheit gab, die Umgebung kennenzulernen.

Am nächsten Tag war ich bei einem privaten Mittagessen eines Damenclubs eingeladen und freute mich, neben der lieben Mrs. Moore zu sitzen. Als ich einen einzelnen Herrn in der Gesellschaft sitzen sah, fragte ich ihn flüsternd, wer er sei. Als ich ihm sagte, dass er ein Reporter sei, sagte ich beiläufig zu meinem anderen Tischnachbarn , dass ich mich für den Rest des Essens auf „Ja", „Nein" oder „Das wundert mich!" und „Wie wahr!" beschränken würde. Daraufhin wurde der unglückliche junge Mann aus dem Raum geführt. Er hatte ein besonders charmantes Gesicht und als ich sah, was geschehen war, sagte ich, dass ich befürchte, auch ich den Tisch verlassen zu müssen, da ich nicht zulassen könne, dass ein Gast meinetwegen beleidigt werde. Daraufhin durfte er wiederkommen. Ich entschuldigte mich bei ihm und sagte, dass ich zwar angenommen hatte, dies sei eine informelle Zusammenkunft, bei der keine Zeitungen vertreten sein würden, aber ich nicht wünsche, dass er unhöflich behandelt werde, und hoffte, dass er sich keine Dummheiten, die ich gesagt haben könnte, zunutze machen würde. Er war besonders nett und obwohl ich wahrscheinlich nie sehen werde, was er über mich geschrieben hat, bin ich bereit, „ein Risiko einzugehen" – wie man es hier ausdrückt.

Nachdem er meinen Namen dreiundzwanzig Mal unterschrieben hatte – was ebenso schmeichelhaft wie ermüdend war –, kam der Bürgermeister, um mich abzuholen. Mrs. Moore und zwei andere Damen begleiteten uns auf einer Autofahrt, um die Stadt zu besichtigen. Der Bürgermeister – ein großer Mann – saß ziemlich unbehaglich zwischen mir und Mrs. Moore und sagte, dass er mit der Erlaubnis der anderen beiden Damen seinen Arm um meine Taille legen wolle, da er bei einem Treffen der Pfadfinder sprechen müsse und deshalb nicht in der Lage sei, meinem Vortrag am Abend beizuwohnen. Ich sagte ihm, dass ihn danach nur noch Bestechung und Korruption zum Bürgermeister von St. Louis wiederwählen könnten.

„Dann werde ich zu meinem ursprünglichen Beruf zurückkehren, Mrs. Asquith. Ich habe mein Leben als Maurer begonnen und habe mein Handwerk nicht vergessen, in dem ich konkurrenzlos bin."

Die Damen meinten, dass er als ihr politischer Vertreter mit wesentlich größerer Wahrscheinlichkeit wiedergewählt würde, und nachdem er seinen Chauffeur „Joe" gebeten hatte, anzuhalten, damit er mir Zigaretten kaufen konnte, brachte er mich zurück zum Hotel.

Auf meinem Tisch fand ich einen wunderschönen Orchideenstrauß, an dem eine Karte von einer der Damen, die ich beim Mittagessen kennengelernt hatte, befestigt war:

„Von Frau Hocker , mit den besten Wünschen für einen erfolgreichen Abend in St. Louis, an die absolut brillanteste und interessanteste Frau, die ich je in Amerika oder Europa treffen durfte."

Ich muss wohl nicht erwähnen, dass ich an diesem Abend meinen Blumenstrauß festhielt, als ich von Richter Henry Caulfield, dem Stadtrat, auf die Bühne begleitet wurde.

Mr. Anderson vom St. Louis *Post-Dispatch* kam nach dem Treffen noch einmal zu uns, um mit uns zu sprechen, und ich kann wirklich sagen, dass ich ihn nach „Bruce" – dessen richtigen Namen ich nie erfahren habe – für den interessantesten Pressemann hielt, den ich je getroffen habe. Ich schrieb seinem Herausgeber, gratulierte ihm dazu, einen solchen Mann in seinem Team zu haben, und erhielt eine dankbare Antwort.

Da ich bis zu meiner Ankunft in diesem Land nie interviewt wurde, weiß ich nicht, inwiefern die hiesigen hochintelligenten Reporter mit den unseren vergleichbar wären, aber ich kann nicht begreifen, warum die Leute, die ich kennengelernt habe, sich damit zufrieden geben, für Zeitungen zu schreiben, die selten etwas Informatives oder Interessantes drucken.

Einer von ihnen sagte zu mir:

„Wir veröffentlichen keine Nachrichten, Mrs. Asquith, wir erfinden sie."

XIII
KANSAS CITY UND OMAHA

AMERIKANISCHE STIMMEN, DIE SELTEN MUSIKALISCH SIND – SIEHT SCHÖNES LANDHAUS – DISKUSSION ÜBER CHARAKTERBILDUNG – MARGOT PROGNOSTIZIERT GROSSE ZUKUNFT FÜR GOVERNOR ALLEN

Wir reisten am Abend des Vortrags nach Kansas City, wurden bei unserer Ankunft abgeholt und zum Landhaus von Mrs. Edwin Shields gebracht.

Nachdem ich sie begrüßt hatte, betrachtete ich ihre schönen Wandteppiche, orientalisches Porzellan, Porträts (von Sir Joshua Reynolds) und andere alte Meister sowie moderne französische Gemälde. Wir aßen Haferbrei, Eier, Speck und Grapefruit zum Frühstück an einem Eichentisch mit irischen Leinenservietten, und ich bemerkte die Vornehmheit des kleinen Gesichts meiner Gastgeberin und den hübschen Klang ihrer Stimme.

Ich glaube nicht, dass die Stimmen hier im Allgemeinen musikalisch sind; sie sind nasal und ein wenig laut, und obwohl Amerikaner sehr heiter und humorvoll sind, lerne ich die Sprache so langsam, dass mir wahrscheinlich viel von der Ironie und *Finesse entgeht* , die unseren besseren Humor auszeichnet . Die Kanadier, die britischer Abstammung sind, haben einen besseren Sinn für Humor ; aber es ist immer ein gefährliches Thema, über das man schreibt, und wenn ich an die dummen Dinge denke, die das Londoner Publikum in unseren Theatern zum Lachen bringen, habe ich das Gefühl, ich sollte lieber vorsichtig sein.

Ich bin Schotte, und als Nation wird uns ein Mangel an Humor vorgeworfen . Von mir kann man nicht erwarten, dass ich dem zustimme. Dennoch erinnere ich mich, dass mir in meiner Jugend von einem Mann erzählt wurde, der sagte:

„Oh! Ja , Jock macht zweifellos Witze, aber er macht Witze mit Leichtigkeit. Ich mache auch Witze, aber mit Schwierigkeiten."

Die Franzosen haben einen weitaus feineren Sinn für Humor als jede andere Nation auf der Welt, und alles, was sie sagen, bereitet mir immer wieder große Freude.

Es ist verzeihlich, über lustige Dinge nicht zu lachen, aber plötzliches lautes Lachen über schlechte Witze ist der Test für einen echten Sinn für Humor .

Nach dem Frühstück mit Mrs. Shields bat ich sie, mir ihr schönes Haus zu zeigen. Die Frische der Chintze und das allgemeine Gefühl von Luft und Komfort, das ich überall spürte, erinnerten mich an Glen.

Wir fuhren mittags nach Omaha, wo wir abends ankamen. Der Abschied von meiner Gastgeberin war weniger traurig, da ich wusste, dass ich am 24. von 7 Uhr morgens bis Mitternacht mit ihr verbringen würde. Sie kommt diesen Sommer nach Europa und ich freue mich darauf, sie sowohl in London als auch auf dem Land zu unterhalten.

Nachdem wir sie verlassen hatten, erzählte mir Mr. Horton, sie habe ihm gesagt, bis sie mich traf, habe sie sich wie eine Blume gefühlt, die auf Lehmboden gewachsen sei, und ich habe ihr geholfen, ins Sonnenlicht zu gelangen. Ich war tief berührt und bin ermutigt zu hoffen, dass ich eines Tages eines so seltenen Kompliments würdig sein werde.

Bei unserer Ankunft in Omaha wurden wir von einem offenen Wohnmobil abgeholt, das uns Mrs. Kountze geliehen hatte. Sie hatte uns eingeladen, bei ihr in ihrem Stadthaus zu übernachten. Da wir jedoch befürchteten, dass wir zu dritt in Verlegenheit geraten könnten, beschlossen wir, ins Hotel zu gehen.

Omaha ist eine schöne Stadt mit Alleen zu beiden Seiten breiter Boulevards und in der Nähe von wilden und schönen Landstrichen. Da unsere Gastgeberin nach New York reisen musste, führten uns ihre freundlichen Verwandten zu den wunderbaren Aussichten rund um die Stadt.

Nachdem ich am Nachmittag vor einem ermutigenden Publikum gesprochen hatte, dessen Vorsitzender der britische Konsul Mr. Hall war, speiste ich mit Mr. und Mrs. Ward Burgess. Sie waren mehr als gastfreundlich, und wäre da nicht die strenge Gestalt meiner Sekretärin in der Tür gestanden, hätte mein fröhlicher Gastgeber, der mich zwei Stunden lang beim Abendessen unterhalten hatte, mich daran gehindert, den Mitternachtszug zu erreichen.

Am frühen Morgen des 24. kehrten wir nach Kansas City zurück.

Als mir der Butler von Mrs. Shields mitteilte, dass ihr Zimmermädchen sie bereits gerufen hatte, nahm ich ein Bad, zog mich so schnell ich konnte an und ging nach unten.

Ihr Wohnzimmer war ein Garten aus Rosen, Lilien und Löwenmäulern und ich werde mich immer an unser unvergessliches *Tête-à-Tête erinnern* .

Wir begannen mit der Persönlichkeit und der Schwierigkeit, die Wahrheit auszudrücken, ohne jemanden zu verletzen, oder Charakter zu entwickeln, ohne eine Figur zu werden. Der Unterschied zwischen Originalität und Exzentrizität, Freundlichkeit und Zärtlichkeit, Sympathie und Verständnis und die feinen Abstufungen, mit denen Ihre Bemühungen, Gutes zu tun, Ihren Mitgeschöpfen entweder helfen oder sie behindern können.

Es ist ein ewiges Problem. Und man begegnet jedem Tag seines Lebens mit moralisch Nachsichtigen und sozial Strengen. Ich gestand ihr, wie sehr ich die Kürze des Lebens verabscheute, und drängte sie, dies zu erkennen , da sie mir trotz ihrer Begabung für Freundschaften in sich gekehrt und einsam vorkam. Sie reagierte darauf und sagte mir viele ermutigende Dinge. Ich sagte, ich hätte irgendwo gelesen, Marcus Aurelius habe uns gebeten, unsere Farbe zu behalten . Ich war mir des richtigen Textes nicht ganz sicher, aber die Idee war, dass manche von uns rot, manche gelb und andere grau geboren würden, aber wie dem auch sei, es ginge darum, die Farbe zu behalten, nicht so sehr als Kontrast oder Konflikt mit der anderen Person, sondern als Ergänzung. Große Wissenschaftler, Mathematiker oder Philosophen mögen es schaffen, ihre Persönlichkeit allein zu entwickeln, aber in ihren Schriften wird nicht der Schlüssel liegen, den die Schriften von Menschen, die der Erde näher sind, gewöhnlichen Menschen vermitteln können.

Bei einer seiner großen Versammlungen musste Abraham Lincoln durch die Menge gehen, um zur Bühne zu gelangen. Als er vorbeiging, hörte er jemanden sagen:

„Ist *das* Präsident Lincoln? Was für ein gewöhnlicher Kerl!"

Da drehte er sich um und sagte:

„Gott mag gewöhnlich aussehende Kerle, sonst hätte er nicht so viele von ihnen erschaffen."

Ich erzählte ihr, wie sehr mich ihre Bemerkung gegenüber meiner Sekretärin bewegt hatte, dass unsere Freundschaft ihr helfen würde, aus dem Lehmboden aufzusteigen. Sie fügte hinzu, dass es mein Lebenswunsch sei, mich jedes Jahr in einen größeren Topf umzupflanzen, und dass ihre Worte mich ermutigen würden, weiterzumachen. Ab einem gewissen Alter drohten wir, sesshaft zu werden, und die Zerstörungen des Krieges hatten die Zivilisation nicht nur nicht regeneriert, sondern sogar verzögert .

Wir wurden von Herrn Henry J. Allen unterbrochen, einem Gast, der lange vor der Mittagszeit eintraf.

Der Gouverneur des Staates Kansas ist ein Mann mit Autorität – nicht nur intelligent, sondern auch intellektuell, eine seltene Kombination, und man braucht keine Hexe, um ihm eine große Zukunft vorherzusagen. Er blieb von 23.30 bis 18.00 Uhr in Mrs. Shields' schönem Haus in der Cherry Street, obwohl er um 16.00 Uhr einen Termin hatte, woraus ich schloss, dass er tun konnte, was er wollte.

XIV.
Der Krieg und das Verbot

HITZIGE DISKUSSION ÜBER ENGLANDS KRIEGSEINTRITT – UNSERE DEUTSCHEN FREUNDE – AMERIKANISCHE VITALITÄT – FALSCHES ZITIERT ZUM THEMA PROHIBITION

Ich saß beim Mittagessen neben Mr. Heath Moore und wir diskutierten über viele Themen, unter anderem über die Motive, die Großbritannien in den Krieg geführt hatten. Er drückte sich energisch und offen aus und sagte, nichts könne ihn zu der Annahme verleiten, dass unsere Absichten moralischer Natur gewesen seien. Unser Handel lief Gefahr, überflügelt zu werden, und die deutsche Marine hatte sich zu einer so gewaltigen Bedrohung entwickelt, dass unsere eigenen Küsten nach der Niederlage Frankreichs sofort von den Deutschen angegriffen worden wären; es sei daher Humbug zu behaupten, dass unsere Motive nicht reine Selbstverteidigung gewesen seien .

Da dies die erste antibritische Note war, die ich seit meiner Ankunft gehört hatte, interessierte sie mich.

Ich fragte ihn, wo er sich unsere Schiffe vorstellte, wenn die deutschen Schlachtschiffe in unsere Häfen einliefen , und wie die Briten die feindliche Besatzung empfangen würden, selbst wenn sie eine Armee an Land bringen könnte – was nie eine leichte Angelegenheit ist –, und schloss mit der Bemerkung, ich sei nicht von der Angst wach gehalten worden, dass der Kaiser dort Erfolg haben würde, wo Napoleon gescheitert war. Er blieb bei seiner Meinung und sagte, ohne die Verletzung Belgiens wären wir nicht in den Krieg eingetreten. Ich antwortete, dass dies der Partei an der Macht – deren Vorsitzender mein Mann war – es zweifellos leichter gemacht habe, denn zu den vielen Überzeugungen, die Liberale von Konservativen unterscheiden, gehört, dass wir an Freiheit glauben, während sie an Gewalt glauben, und dass Imperialismus Militarismus bedeute, gegen den wir auf ewig kämpfen würden. Aber, fügte ich hinzu, keine britische Regierung, welcher Partei auch immer, hätte mit verschränkten Armen zugesehen, wie die gesamte deutsche Marine unsere Küste entlangsegelte, um Frankreich anzugreifen.

Er erkundigte sich, ob mein Mann irgendwelche Bedenken gehabt habe, *als er diese große Entscheidung auf seine Schultern nahm* . Ich antwortete, dass unser Außenminister, Sir Edward, jetzt Lord Grey, Lord Crewe und andere, sich vom ersten Augenblick an entschieden hätten und dass wir innerhalb eines

Jahres – dank des Verteidigungskomitees , Lord Haldane und Lord Kitchener – eine große Freiwilligenarmee aufgestellt hätten. Wäre er damals in England gewesen, wäre er von dem Pathos und dem Schweigen beeindruckt gewesen, mit dem sich Männer jeder Klasse zusammenschlossen, um in einem Krieg zu kämpfen, der nicht ihr eigener war, gegen einen Feind, für den sie keinen Hass empfanden.

Er fragte, ob England darüber enttäuscht gewesen sei, dass Amerika ihm so spät zu Hilfe gekommen sei. Ich gestand, dass ich in einem Anflug von Verärgerung ausgerufen hatte, ich hätte an Christoph Kolumbus' Stelle nichts zu der Entdeckung gesagt, ich bezweifle jedoch, dass Großbritannien den USA früher zu Hilfe gekommen wäre, wenn sie in einer ähnlichen Zwickmühle gewesen wären.

Jemand fragte mich unter vier Augen, ob ich im Krieg ein Kind verloren hätte. Ich sagte, mein kleiner Junge sei zu jung gewesen, um zu kämpfen, aber meine beiden Schwestern, meine drei Brüder und mein Mann hätten ihre Söhne verloren; das Leben in Downing Street in den ersten Kriegsjahren sei eine Qual gewesen, deren Ausmaß sich niemand vorstellen könne .

Wir hatten uns geweigert, auch nur einen unserer deutschen Freunde in London fallen zu lassen und wurden deshalb zur Zielscheibe der Beschimpfungen und Verleumdungen unserer gesellschaftlichen und politischen Feinde.

Dieses Thema löst bei mir ewige Empörung aus, wenn ich daran denke, wie wir verfolgt wurden, nicht nur von unseren Gegnern, sondern auch von einigen meiner persönlichen Freunde, selbst nachdem wir bei den Parlamentswahlen von 1918 eine Niederlage erlitten hatten. Eine der Kandidatinnen sagte, sie sei während des Krieges oft in lebenswichtigen Angelegenheiten in der Downing Street gewesen und von der Gefühllosigkeit, die mein Mann und ich dort an den Tag legten, schockiert gewesen.

Mr. Heath Moore berichtete mir von der grausamen Behandlung der deutschen Bevölkerung hier, als Amerika den Alliierten beitrat. Er erzählte mir unter anderem, dass einer seiner Landsleute bei einer großen Anwerbungsrede von einem Mann auf der Tribüne unterbrochen worden sei, der angeblich „Hurra für den Kaiser!" gerufen habe. Daraufhin sei er mit Füßen getreten und die Treppe zur Straße hinuntergeprügelt worden und wäre ohne das Eingreifen eines Polizisten getötet worden. Auf die Frage, was er getan habe, sagte der unglückliche Deutsche, sein einziger Sohn sei im Krieg getötet worden und er habe gerufen: „Zur Hölle mit dem Kaiser!"

Dies war im Vergleich zu einigen der berichteten Grausamkeiten noch milde.

Verallgemeinerungen sind immer gefährlich , aber das amerikanische Volk ist zwar unendlich großzügig, aber auch ein hartes und starkes Volk, und abgesehen von den wenigen Friedhöfen, die ich gesehen habe, bin ich geneigt zu glauben, dass es nie stirbt. Es gedeiht in Räumen, die so heiß sind wie Wintergärten, kann die ganze Nacht wach bleiben, den ganzen Tag Süßigkeiten und Eis essen und erreicht ein hohes Alter, wenn es ohne Muße entweder gesellschaftliche oder kommerzielle Aufregungen erlebt.

Als ich den Raum verließ, um mich auszuruhen und über meinen Vortrag nachzudenken, befürchtete ich, dass ich Herrn Heath Moore und seinen Ansichten nicht genügend Beachtung geschenkt hatte, und so war ich erleichtert, als ich erfuhr, dass er vorhatte, am selben Abend wieder zum Abendessen zu kommen. Ich hoffe, wir werden uns wiedersehen, denn er ist ein mitfühlender Mensch.

Ich hielt meinen Vortrag nach dem Abendessen, und bevor ich fertig war, fiel mein Blick auf Mr. Heath Moore, der neben Mrs. Shields saß, und sprach über die moralischen Motive , die Großbritannien dazu gebracht hatten, in den Krieg einzutreten, abgesehen von seiner Freundschaft mit Frankreich. Ich sagte, dass die Franzosen zwar alles geopfert und großartig gekämpft hätten, andere Länder jedoch von denselben Motiven beseelt gewesen seien und am Ende ein Völkerbund den Krieg gewonnen habe.

Ich ging ausführlich auf die Grausamkeit ein, mit der die Deutschen in den Vereinigten Staaten und in der Heimat behandelt wurden, und war erfreut, als ich sagte, wäre Christus zu irgendeinem Zeitpunkt während des Krieges unter die Zivilbevölkerung gekommen, hätte ihm sein Sinn für Gerechtigkeit und Mitgefühl den Titel eines Deutschfreundes eingebracht.

Wir gingen zurück zur Cherry Street, bevor wir den Mitternachtszug nahmen.

Beim Abendessen lernte ich mehrere Leute aus der Stadt Kansas kennen, die ich alle interessant fand. Ein Mann sagte zu mir:

„Ich wusste, dass Sie Charme und Persönlichkeit haben, Mrs. Asquith, aber Sie müssen auf hundert Podien gesprochen haben, um solchen Mut und solche Eloquenz zu entwickeln."

Ich starrte ihn sprachlos vor Überraschung an.

Als ich ging, versprach ich, meiner Gastgeberin und Herrn Moore zu schreiben.

*　　*　　*　　*　　*　　*　　*

Auf dem Weg nach Indianapolis stiegen wir in St. Louis um und wurden dort am nächsten Morgen um 7 Uhr von Mr. Paul Anderson abgeholt. Wir frühstückten alle zusammen am Bahnhof und es tat mir leid, mich von ihm verabschieden zu müssen.

In einer Londoner Zeitung las ich ein Zitat, wonach Mr. Balfour – der bedeutendste lebende Bürgerliche – zum Hosenbandritter ernannt worden sei.

Bei unserer Ankunft am Nachmittag in Indianapolis wurden wir von Mr. und Mrs. Sullivan abgeholt und von einem Reporter zu ihrem Haus begleitet. Zu meiner Überraschung las ich am nächsten Tag in den Zeitungen, dass ich unter anderem gesagt hatte, dass wir in Schottland nicht nur eine hohe Bildung hätten, sondern in unseren Schulen auch Französisch und Spanisch lernen könnten, und dass ich, wäre ich die Königin von Amerika, wieder Alkohol trinken würde.

Ich begann zu befürchten, dass ich, obwohl ich nicht gekrönt war, in einem Anfall von Abwesenheit einige der Machtbefugnisse usurpiert haben musste, die meiner Ansicht nach den Vereinigten Staaten zurückgegeben werden sollten.

Nachdem wir am 26. den ganzen Tag unterwegs waren, kamen wir nachts im strömenden Regen an und erfuhren, dass es am Bahnhof keine Gepäckträger gab. Auf meine Frage, ob sie streikten, wurde mir gesagt, dass es in Kalamazoo noch nie Gepäckträger gegeben habe.

Beladen mit Gepäck paddelten wir wie Enten im Schlamm zu einem minderwertigen Hotel.

Da wir zu Mittag gegessen hatten und es im Zug keinen Speisewagen gab, waren wir verärgert, als wir hörten, dass nach 20.30 Uhr niemand mehr etwas zu essen bekam, aber zum Glück waren es noch zehn Minuten bis zur Schließung des Restaurants, also aßen wir, was wir konnten. Am nächsten Tag erfuhr ich von Reportern und anderen Leuten, dass ein bedeutender Geistlicher in einer Predigt gesagt hatte, dass ich aufgrund meines Glaubens an Maßlosigkeit nicht die richtige Person sei, um eine Vorlesung zu halten, und dass mein Publikum an diesem Abend daher nicht so groß war, wie ich es mir hätte wünschen können. Ich hatte etwas über falsches Zeugnis gegen den Nächsten zu sagen , aber die wenigen Anwesenden waren mehr als begeistert, und ich wurde von einer Frau aus Peebleshire umarmt .

Ich war dankbar, dass mir der folgende Ausschnitt zugeschickt wurde:

„Ich kann den Ton eines Morning Contemporary bei der Berichterstattung über Mrs. Asquiths Ansprache nicht ertragen,

" *Herausgeber, Abendtelegramm* :

„Sir , ich bin ein vielbeschäftigter Mann und habe nicht viel Zeit, Briefe zu schreiben, aber ich kann die höhnischen, billigen Bemerkungen des *Globe* in ihrem Bericht über Mrs. Asquiths Zusammenfassung der ‚Prohibition' nicht ertragen.

„Mrs. Asquith hat keine Geschichten ‚vulgärer Natur' erzählt, ‚in denen ein Mensch dargestellt wird, der halb benommen vom Alkohol ist'. Beachten Sie die harte, pharisäische Art, in der sie sich über das Wort ‚trinken' freuen. Das erinnert mich an die billigen, altmodischen ‚Mäßigkeitsgedichte'. Mrs. Asquith hat ganz richtig und ehrlich auf die Farce der Prohibitionsgesetze aufmerksam gemacht und lediglich die Meinung von neunzig Prozent aller ehrlichen Menschen zum Ausdruck gebracht, als sie die ungerechten und verfassungswidrigen ‚Blue Laws' anprangerte, die die bigotte und ignorante Minderheit des kanadischen und amerikanischen Volkes der unfreiwilligen Mehrheit – den wahren Steuerzahlern – aufzwingen will.

„Wenn wir doch nur mehr solche Frauen hätten, furchtlos offen, aufgeschlossen und ohne Heuchelei wie Margot Asquith. England wird trotz all seiner Fehler niemals den wenigen Fanatikern nachgeben, die die wahren Unterdrücker, Depressoren und Spielverderber sind.

„F. J. Paget."

XV
IDEALE STADT NEW YORK

LEBEN, LUFT UND FROHES LEBEN IN NEW YORK – BRIEF VON GOVERNOR ALLEN – MARGOT TRIFFT ARTHUR BRISBANE – PRINZESSIN BIBESCOS BUCH

Nachdem wir zwei Tage und eine Nacht unterwegs waren, kamen wir am Abend des 28. in New York an und fanden Elizabeth und ihren Mann vor, die auf den Aufzug warteten, der sie zu einem Theaterstück bringen sollte. Sie waren kurz davor, die Sache abzublasen, aber ich sagte ihnen, dass ich zu erschöpft zum Reden sei und nur noch ins Bett gehen wolle.

Ich war noch nicht in San Francisco, aber wenn ich Amerikaner wäre, würde ich in New York City leben. St. Louis, Syracuse, Omaha und Washington sind wegen ihrer Umgebung schöner; aber es liegt Leben in der Luft und es herrscht eine allgemeine Atmosphäre der Fröhlichkeit und Bewegung, die ich in New York unendlich anregend finde.

Wir sahen „Die Wahrheit über Blayds " und „Kiki", zwei Stücke, die wunderbar gespielt waren; ich habe jede Sekunde von „ Blayds " genossen, und die Heldin von „Kiki" würde in jedem Stück ihr Glück machen.

Am Sonntag, dem 2. April, ging ich zum Tee in das Atelier meiner Freundin Mrs. Komroff . Ich kenne sie seit vielen Jahren, als sie noch Nellie Barnard war, und ich glaube nicht, dass es eine lebende Künstlerin gibt, die Kinder so in Aquarell malen kann wie sie. Der Raum war voll mit Freunden und Künstlern und die ausgestellten Porträts erfüllten uns mit Bewunderung.

Zusammen mit vielen Briefen aus der Heimat erhielt ich Folgendes von Gouverneur Allen.

" STAAT KANSAS
" BÜRO DES GOUVERNEURS
" TOPEKA

„ DER GOUVERNEUR ." 30. März 1922

" MEINE LIEBE FRAU ASQUITH ,

„Ich erlaube mir, Ihnen ein Exemplar meines Buches zur Industriefrage zu schicken. Ich hoffe, Sie verzeihen mir, dass ich Sie damit auffordere. Ich habe so viele schöne Erinnerungen an die scharfsinnigen und lehrreichen Dinge, die Sie im Haus von Mrs. Shields gesagt haben, dass ich jetzt zutiefst bedauere, dass das Gespräch immer wieder in allgemeine Diskussionen abdriftete, wodurch uns allen die Gelegenheit genommen wurde, mehr von Ihren eigenen Schlussfolgerungen zu erfahren.

„Ihr großzügiger Kommentar zu Kansas City und dem Westen hat uns alle glücklich gemacht und als Bürger möchte ich meine herzliche Wertschätzung für Ihre Komplimente an diesen wachsenden Teil des Landes zum Ausdruck bringen.

"Es wundert mich nicht, dass Sie aus meinen Bemerkungen den Schluss gezogen haben, ich sei 'illiberal'. Ich war dumm, nicht zu erkennen , dass Ihre Definition des Wortes liberal anders ist als die, die es hier gerade charakterisiert . In Ihrer Welt ist 'liberal' ein ehrenwertes Wort. Hier drüben ist es durch Missbrauch zur Bezeichnung einer besonderen Klasse geworden, deren Reaktion anti-regierungsorientiert ist. Anarchisten, Sozialisten, Kommunisten und Bolschewisten werden alle in eine Klasse eingeordnet, und Redner und Redakteure donnern ihnen das Wort liberal entgegen. Das wird dem Wort nicht gerecht.

„Wenn Sie Zeit haben, würde ich mich sehr freuen, wenn Sie sich ‚Die Partei der dritten Partei' ansehen würden, denn es bezieht sich auf ein Programm für Arbeitsfrieden und Gerechtigkeit, das der Präsident kürzlich in einer Botschaft an den Kongress befürwortet hat und das New York nun in seine Landesgesetzgebung aufzunehmen versucht. Wenn das Gesetz vom Obersten Gerichtshof der Vereinigten Staaten für verfassungsmäßig erklärt wird, werden zweifellos mehrere Staaten in den kommenden Legislaturperioden das Prinzip der unparteiischen Schlichtung von Arbeitsstreitigkeiten übernehmen, wenn diese Streitigkeiten in den wesentlichen Industrien der Lebensmittel-, Brennstoff-, Bekleidungs- und Transportindustrie auftreten.

„Ich freue mich aufrichtig, dass Sie in den Mittleren Westen gekommen sind , und ich bin Mrs. Shields dankbar für das wunderbare Privileg, Sie kennenzulernen. Ich hoffe, Sie haben eine sichere und glückliche Reise und dass Sie eines Tages nach Amerika zurückkehren werden.

„Mit freundlichen Grüßen,
HENRY J. ALLEN . "

Ich war stolz und erfreut, eines Morgens neben Baron Meyer zu sitzen, dem größten Fotografen aller Zeiten – ein schwaches Lob für einen Künstler, der sich in allem ausdrücken kann, was er berührt. Wenn ich auf der Heimreise der *Mauretania sterbe* – was mehr als wahrscheinlich ist, da das Meer schlechten Matrosen selten verzeiht –, bin ich sicher, meiner Familie etwas zu hinterlassen, das sie ohne Abscheu betrachten können.

Am 3. April lasen wir in den Zeitungen: „Balfour nimmt den Adelstitel an: wird als Earl ins Oberhaus eintreten."

Wir wurden beim Mittagessen von Herrn Arthur Brisbane bewirtet, einem berühmten Journalisten und Freund von Elizabeth. Ich saß zwischen ihm und Herrn Hapgood und wir hatten ein ausgezeichnetes Gespräch. Beide lobten „Ich bin selbst schuld". In diesem Zusammenhang möchte ich eine amerikanische Rezension aus der *New Republic* zitieren .

MODERNE LIEBE

„„Ich kann nur mir selbst die Schuld geben', von Elizabeth Bibesco .

„Dieses Buch ist eine Sammlung von bildlichen Skizzen und Geschichten. Sein Themenbereich ist begrenzt. Es geht nicht um das Leben im Allgemeinen. Es lässt Religion und Wissenschaft, Krankheiten und Kriege, Tiere und Politik, Geschäfte, Kinder und Verbrechen außen vor. Es geht nur um Liebende und das Lieben.

„Es ist ein beunruhigendes Buch. Gerade als Sie sich vielleicht insgeheim entschlossen haben, vernünftig zu sein und mit dem zufrieden zu sein, was Sie haben – oder nicht haben – und die Einheit mit jemandem zu vergessen und sich mit viel weniger reich genug zu fühlen, erzählt Ihnen dieses Buch eine Geschichte, die einen Teil Ihres Inneren erreicht, der ausgetrocknet war, und Ihnen schmerzlich bewusst macht, was Ihnen fehlt.

„Hier ist zum Beispiel ein Teil eines Briefes, den eine Frau schreibt:

„„In gewisser Weise verstehe ich nicht, warum du mich jemals wieder küssen willst. Verstehst du, was ich meine, dass ich mich so verschmolzen fühle, so ewig in deinen Armen, dass ich kaum glauben kann, dass ich immer wieder in sie hineingenommen werde? Oh, meine Liebe, merkst du, dass man nie Superlative verwenden kann, wenn sie wirklich etwas bedeuten würden? Sie scheinen sich davonzuschleichen, beschämt über ihr lockeres Leben. Schließlich können wir nicht miteinander ‚Liebe machen'. Wir beide können es zu gut. Dies ist kein Vorfall, kein Spiel, keine Kunst; unsere Affäre ist keine Liebesaffäre, es ist das Leben.'

"Ein weiterer Auszug: ‚Ich kann nicht schlafen. Es liegt etwas Bedrückendes in der Atmosphäre... Es herrscht immer eine Anspannung, wenn man nicht da ist, eine kumulative Unwirklichkeit. Ich habe es den ganzen Tag gespürt... Ich kam mir vor wie ein Geist, der in einer bedeutungslosen Leere umherirrt. Es war nicht nur so, dass ich nicht an die Menschen glauben konnte, ich konnte nicht einmal an die Stühle und Tische glauben; es war ermüdend. Sie wissen, wie in Märchen die schöne Prinzessin in eine Kröte verwandelt wird und auf einen Kuss warten muss, der sie erlöst, so fühlte ich mich - dass nichts außer Ihrer Berührung mich wieder in einen Menschen verwandeln könnte.'

„Ihre Wahrhaftigkeit ist so exquisit, dass sie wirklich keine Handlung braucht. Sie beschreibt zum Beispiel einen Mann, der sich verliebt hat und der, obwohl er früher gesprächig war, jetzt nur noch stottern kann. Er

möchte einem schönen Mädchen einen Heiratsantrag machen, aber er kann
es nicht. ‚Eines Tages gingen sie durch einen Wald voller Glockenblumen...
„Ich muss sprechen“, sagte er unglücklich zu sich selbst, während er
erkannte, dass er körperlich nicht in der Lage war, die alltäglichste Phrase
hervorzubringen...‘

„Er beschloss zu sprechen, als er die nächste Orchidee sah .

„Er dachte an eine Frau, in die er sich einmal verliebt gefühlt hatte. Sie hatte
rotes Haar und grüne Augen gehabt ... und rotes Haar hatte ihm unendlich
verrucht, verführerisch und abenteuerlich vorgekommen ...

„Er sah eine Orchidee und wandte hastig den Blick ab.

„Er dachte an ein Schaukelpferd, das er als Kind gehabt hatte, grau gefleckt
mit einem graugelben Schweif und einem scharlachroten Sattel...

„Noch eine Orchidee .“ Er sah sie flehend an.

„‚Woran denkst du?‘, antwortete sie auf seine Bitte.

„‚Schaukelpferde‘, sagte er . ‚Willst du mich heiraten?‘ Und dann verzweifelt:
‚Ich weiß, so sagt man es nicht‘; und dann krampfhaft: ‚Ich liebe dich.‘

„Sie wartete, bis er fertig war, und sagte dann... ‚Das ist eine sehr nette Art,
es auszudrücken.‘“

„Zumindest einem Leser scheint dies einer der besten Vorschläge in der
Belletristik zu sein.

„Vielleicht sind diese Geschichten keine Klassiker. Aber sie gehören zu den
besten, die es heute gibt . Sie sind nicht nur charmant und frisch, sondern
haben auch etwas Nobles; sie befassen sich ernsthaft mit den emotionalen
Bedürfnissen unserer Einsamkeit.

„Und es gibt Dinge darin, die einen bis ins Innerste des Herzens berühren.
Dinge, die der Leser überrascht, wenn er sie im Druck findet – Dinge, von
denen er geglaubt hatte, sie ließen sich nicht ausdrücken. Geheime Dinge,
die ihn flüstern lassen: ‚Ich dachte, niemand außer mir wüsste das.‘

Clarence Day, Jr.

Als Antwort auf einen Dankesbrief von Elizabeth schrieb er:

„Es hat mich so traurig gemacht, einige der Rezensionen Ihres Buches zu
lesen. Ich wusste natürlich, wie wenige Menschen gute Literatur zu schätzen
wissen, aber jetzt weiß ich, wie wenige Menschen jemals verliebt waren.“

Herr Heath Moore hat mir diese Rezension vor unserer Trennung vorgelegt
und ich fand es klug von ihm, zu wissen, welche Freude sie mir bereiten
würde.

XVI.
Kritik und Abschied

PUPPENVERKÄUFER SPRICHT ÜBER DIE PROHIBITION – GEFAHREN DES KOMMERZIALISMUS UND MATERIALISMUS IN AMERIKA – BITTE UM LIEBE UND FREUNDSCHAFT

Am 3. April – dem Tag vor meiner Abreise nach England – ging ich früh los, um Spielsachen zu kaufen, mit denen ich mein Enkelkind auf unserer Reise mit der *Mauretania unterhalten* konnte. Dabei hatte ich ein interessantes Gespräch mit einem der vielen Zivilkaufleute, die ich in den ganzen Vereinigten Staaten in ihren schönen Läden kennengelernt habe. Er sagte, er bedauere, dass er meine letzte Vorlesung nicht besuchen könne, obwohl er die anderen drei in New York besucht habe, weil er befürchte, die Tochter eines Freundes liege im Sterben. Es war ein kleines Mädchen, das in einem Vorort lebte und vor einigen Wochen ohnmächtig geworden war. Ihre Mutter hatte ihr das einzige Stimulans gegeben, das sie im Haus hatten. Seitdem litt sie an einer Blutvergiftung und lag in einem kritischen Zustand.

„Ich hoffe wirklich, Madam, dass Sie sich heute Abend mit dem abscheulichen Gesetz der Prohibition befassen werden. Es hat dieses Land dazu ermutigt, Spirituosen der gefährlichsten Art herzustellen", sagte er.

Ich sagte ihm, dass ich überall, wo ich gewesen war, die gleiche Klage gehört hätte und dass ich zwar tiefes Mitgefühl für ihn hätte, aber befürchtete, nicht mehr tun zu können, da ich das Thema offen und ausführlich behandelt hatte.

Mit der folgenden Karte wurde ich dazu aufgefordert, meine letzte Rede zu halten.

ABSCHIEDVORTRÄGE
unter der Schirmherrschaft
DER GESELLSCHAFT DER FREUNDE
RUMÄNIENS
, die unter der Schirmherrschaft Ihrer Majestät Königin Marie von
Rumänien gegründet wurde
. MARGOT ASQUITH
wird ihre brillante und erfolgreiche Tournee mit einem Vortrag mit dem
Titel „
EINDRUCKE AUS DEN VEREINIGTEN STAATEN UND
KANADA" BEENDEN.

Ich zog mein bestes Kleid an und trat, bewaffnet mit einem Strauß seltener Orchideen, den mir mein Vorsitzender geschenkt hatte, zu meinem letzten öffentlichen Auftritt in diesem Land auf.

Da Mr. Nelson Cromwell, der mich vorstellte, ein gewandter Redner ist und viel zu sagen hatte, während er meinem Mann die letzte Ehre erwies – und da ich wusste, dass ich anschließend einen Empfang geben würde –, habe ich meinen Vortrag so kurz wie möglich gehalten.

Unter anderem beschäftigte ich mich mit dem übertriebenen Glauben an den kommerziellen Erfolg in den USA sowie mit dem gefährlichen Eigennutz und Mangel an Freizeit, der nicht nur diese Nation, sondern alle Nationen zum Materialismus verleitet.

Ich hatte in der Morgenzeitung ein typisches Beispiel dafür gelesen, was ich meinte.

„Zuerst einmal haben, was die Leute wollen.

„Dann lass es sie wissen.

„ *Gründliche Werbung* ist das Geheimnis des Erfolgs.

„Früher hat man es den Leuten nach und nach und langsam erzählt, rechtzeitig, damit Ihr Enkel reich werden konnte. Heute hat man es so WEIT , UND MORGEN oder, wenn möglich, HEUTE NACHMITTAG wird es jeder erfahren .“

Ich erzählte ihnen, was ich an den Niagarafällen beobachtet hatte, und sprach von den vielen abscheulichen Plakatwänden und Anzeigen, die überall, wo ich war, die Landschaft verunstalteten. Als ich über einer der Anzeigen, die mich unter anderem am meisten interessiert hatten, „ EIN GUTER NAME “, innehielt, wurde ich von meinem Vorsitzenden unterbrochen, der mit klarer Stimme ausrief:

"Ein SQUITH !"

Dies war ein großer Erfolg.

Ich schloss mit der Bemerkung, dass sich nur wenige Länder wirklich umeinander kümmerten. Es war nicht Rivalität oder Eifersucht, die diese Gleichgültigkeit hervorrief, sondern eine gewisse Blindheit des Herzens. Wir gehörten zur selben Familie, wenn wir uns dessen nur bewusst wären , und hatten eine schreckliche Lektion gelernt, als wir uns vorstellten, dass es jedem von uns gelingen könnte, den anderen zu vernichten, egal wie sehr wir uns vorbereiteten oder bemühten. Wir hatten genug Hass und genug Tod gesehen, und ich hoffte inständig, dass die englischsprachigen Nationen auf der ganzen Welt einen Neuanfang wagen und alles tun würden, was sie konnten, um Freundschaft und Liebe zu fördern.

Am nächsten Tag segelten wir mit der *Mauretania nach England* .

Wenn ich ohne Kritik schließen sollte, könnte man sagen, dass diese Seiten nicht „Eindrücke", sondern „Erlebnisse" hätten heißen sollen; und davor wurde ich nicht nur gewarnt, sondern geradezu beschworen.

Dennoch ist es schwierig, ohne unfreundlich zu wirken, offen über Dinge zu schreiben, die mich auf meiner Amerikareise bewegt haben.

Es muss gesagt werden, dass die Architektur, die Straßenverkehrsregelung, die Anordnung der Blumenläden, die Wasserleitungen und der Telefondienst unseren weit überlegen sind. Doch handelt es sich dabei nicht um Kritik, sondern um Tatsachen, deren Wahrheitsgehalt nicht bestritten wird.

Mir ist klar , dass es kein Land auf der Welt gibt, das den vielen Fremden, die dorthin kommen, einen so großzügigen Empfang bereitet wie die Vereinigten Staaten. Aber die Bewunderung für meinen Mann und die Veröffentlichung des ersten Bandes meiner Autobiographie – die sowohl positive als auch negative Kommentare hervorrief – verhinderten, dass ich von Anfang an ein völliger Fremder war. Tatsächlich schienen viele der Leute, die meine Vorlesungen besuchten, alles über mich zu wissen; und ich war überrascht, als sie, als sie auf die Bühne drängten, manchmal ausriefen:

„Aber du bist so anders, als wir es erwartet haben! Und du hast uns nicht gesagt, was du von uns hältst."

Ich bat sie, freimütig zu sein und mir ohne Furcht vor einer Beleidigung zu sagen, wie sie sich mich vorgestellt hatten, aber sie konnten nur wiederholen:

„Ich weiß nicht! Aber irgendwie dachten wir, du wärst das genaue Gegenteil von dem, was du bist."

Als ich versuchte, ihn mit den Worten „Es tut mir leid, Sie enttäuscht zu haben!" auf plumpe Art und Weise zu necken, wurde dies stets mit Protest quittiert. Und einmal hörte ich einen Mann zu seiner Begleiterin sagen:

„Da sind Sie ja! Ich habe es Ihnen die ganze Zeit gesagt, aber Sie wollten das Buch nicht lesen!", woraufhin die Frau meine Hand ergriff und sagte:

„Sie schreiben einen weiteren Band Ihres Lebens, nicht wahr, Mrs. Asquith, in dem Sie uns alles erzählen werden, was Sie über uns denken."

Ich erklärte, dass ich einen Artikel über meine Eindrücke von Amerika zur sofortigen Veröffentlichung schreibe und dass der zweite und letzte Band meines Lebens im Winter erscheinen werde.

Man schickte mir schmeichelhafte Zeitungsausschnitte, wie etwa: „Der Margot-Mythos". Und andere, in denen es hieß, es sei völlig klar, dass ich in einer verhaltenen Stimmung sei und, indem ich mich vor meinen Kritikern hütete, eine Vorsicht walten ließe, die mich aller Spontaneität beraubte; oder Worte in diesem Sinne.

Diese Bemerkungen sind zwar nicht sehr interessant, zeigen aber, wie sehr manche Völker und Nationen von der Zustimmung anderer abhängig sind. Aus diesem Grund möchte ich am Ende dieser Zeilen eine kurze Zusammenfassung geben.

XVII
ÜBERLEGUNGEN IN ENGLAND

AMERIKANER FREUNDLICH, ABER EITEL – DAS LAND DES REFORMERS – INTERESSE AN EUROPAS ARISTOKRATIE – ZEITUNGEN BETREIBEN VULGÄRE NEUGIER – PLÄDCHEN FÜR ANGLO-AMERIKANISCHE FREUNDSCHAFT

Es ist wahrscheinlich klüger, Eindrücke niederzuschreiben, um die Schlussfolgerungen, zu denen Sie gelangen, geheim zu halten. Und viele werden vielleicht fragen – und das zu Recht:

"Was kann eine Frau wissen, die am 30. Januar ankam und am 4. April Amerika oder sein Volk verließ?" Als Antwort darauf kann ich nur sagen, dass ich in diesen neun Wochen mehr verschiedene Menschentypen gesehen und mit ihnen gesprochen habe, als wenn ich ebenso viele Monate in New York, Chicago oder Washington geblieben wäre. Ich traf und unterhielt mich mit Senatoren und Nigger, Bauern und Reportern, Richtern und Predigern, Hotelbesitzern, Bürgermeistern, Anwälten, Soldaten, Ladenbesitzern, Ärzten , Wissenschaftlern und Kaufleuten und einigen der selteneren Klasse der Modebewussten und der Freizeitbeschäftigten. Während dieser Erfahrung habe ich bestimmte Dinge beobachtet, die ich hier aufschreiben möchte.

Die Amerikaner sind zwar das freundlichste Volk der Welt, aber sie sorgen sich zu sehr umeinander. Und sie sind, wenn auch nicht persönlich, auf nationaler Ebene eitel. Sie hören lieber, wie man sich beschimpft, als dass man über sie schweigt. Das lässt vermuten, dass sie unter der Unbequemlichkeit der *Neureichen leiden* .

„Was denken Sie von uns? Oder : Wie vergleichen Sie unsere Männer und Frauen, ihre Kleidung und Bräuche mit Ihren eigenen?", lautete der Kern jeder Frage, die mir gestellt wurde.

Es gibt Dinge von überragendem Interesse in diesem Land, aber hat irgendjemand von uns schon einmal einen Engländer oder eine Engländerin einen Ausländer fragen hören, was er von uns hält? Oder, wenn sie dumm genug wären, dies zu tun, wen würde die Antwort interessieren?

Manche werden sagen, dass dies auf Stolz oder Engstirnigkeit zurückzuführen ist. Aber damit liegen sie falsch. Wir sind nicht besessen von dem überall in Amerika spürbaren Wunsch, uns in die Angelegenheiten unserer Nachbarn einzumischen.

Trotz wahrer Großzügigkeit und Freundlichkeit war ich mir einer unterschwelligen Strömung von Illiberalismus und Gewalt bewusst, die mich erstaunte.

In jeder Stadt, die ich besucht habe, gibt es Clubs für Männer und Frauen, die harmlose Belanglosigkeiten verbieten oder fördern. Solange diese Clubs nicht lächerlich gemacht werden, werden sie verhindern, dass die Vereinigten Staaten jemals zu dem werden, was wir ein freies Land nennen sollten.

Weil es wenig Galanterie und keine Zurückhaltung gibt, werden die Menschen nicht unbedingt zu einer Klasse. Wir können die Gleichheit nicht regeln, da wir mit unterschiedlichen Gehirnen, Naturen und Umgebungen geboren werden, und weit davon entfernt, gleich zu sein, herrscht in Amerika eine so starre Achtung des Vorrangs, dass man Ihnen nach einer Dinnerparty sogar gratuliert, weil Sie „als eine von Mrs. ——“ platziert wurden.

Obwohl ich mit jedem, der einen Titel annimmt, mehr als streng war, gab es kein Detail an unserem Hof oder unserer Aristokratie, das zu unbedeutend war, ohne bei meinem Publikum ein fast emotionales Interesse zu wecken. Jeden Tag meiner Tour erhielt ich Briefe, in denen ich gebeten wurde, ihnen mehr über das Leben und die Gewohnheiten unserer Oberschicht oder alles, was ich könnte, „über Prinzessin Marys Unterwäsche“ zu erzählen.

Wären diese Briefe bloß das Gegacker einer weiblichen Gans gewesen, die gern an eine Person mit Anzeige schreibt, hätte ich sie zerrissen, aber sie waren manchmal von Männern unterschrieben und drückten oft die Meinung wichtiger Lokalredakteure aus.

Eines Nachts, nachdem ich im Bett lag und mit einem intellektuellen Reporter ein langes Gespräch über den Mangel an großer Literatur in seinem Land geführt hatte, rief er mich an und sagte, seine Zeitung sei verärgert, weil er mir keine genaue Beschreibung meines Hutes und Kleides mitgebracht habe.

Er entschuldigte sich vielmals, sagte aber, das sei es, was die Öffentlichkeit wirklich interessierte: dass unsere Diskussionen über Lincoln, Edgar Allan Poe oder William James‘ großartigen Stil oder irgendetwas anderes Interessantes nicht in der Morgenzeitung abgedruckt würden. Aber was ich einer der Reporterinnen gesagt hatte, als wir allein waren, nämlich dass Prinzessin Marys Ehe eine Liebesheirat sei, würde wahrscheinlich durch Schlagzeilen zu einem Absatz aufgebauscht werden. Ich sagte, ich verzeihe ihm, dass er mich aufgeweckt hatte, aber er wisse überhaupt nicht, dass ich unsere königliche Familie überhaupt erwähnt hatte.

Am nächsten Tag las ich, dass ich gesagt hatte, ich sei:

„Auf brüderlichem Fuß mit Queen Mary.“

Man kann sagen, dass ein gewisser Journalismus ähnlicher Art hier die gleiche Neugier auf das Niedrige und Vulgäre bedient, aber in den USA ist er schädlicher, weil die Presse dort mehr Macht hat.

Statt die öffentliche Meinung zu beeinflussen, fördern die amerikanischen Zeitungen vielmehr alles Wertlose und Leichtgläubige. Und man wird vergeblich nach sorgfältiger Kritik zu den Themen Kunst, Musik oder internationale Angelegenheiten suchen.

England wird als Nation der Ladenbesitzer bezeichnet, aber ich glaube, wir verbringen genauso viel Zeit im Moor und auf Spielplätzen wie die Amerikaner in Aufzügen und Büros.

Vielleicht verschwenden wir zu viel Zeit auf dem Rasen und beim Spielen, aber dadurch wird eine gewisse Distanz und Muße gefördert, die einen ruhigen Geist hervorbringt.

Ob es an den klimatischen Schwierigkeiten und den überheizten Räumen liegt, daran, dass mir selbst die nettesten Leute als laute Stimmen erschienen, oder daran, dass man trotz der großzügigen Bewirtung immer noch ein Gefühl der Erstickung verspürte, das nur schwer zu erklären war.

Die Ausrede, ein junges Land zu sein, reicht nicht mehr aus, um die dort herrschende Hektik, den Lärm und den Mangel an Privatsphäre zu vertuschen. Und die Zahl der Kleinkinder, die ich in Hotels, Geschäften und Restaurants gesehen habe und die erst um Mitternacht ins Bett gehen, nachdem sie zwischen riesigen Mahlzeiten Bonbons gelutscht haben, ist nicht gerade vielversprechend für eine Nation, die immer größer wird.

Die tief verwurzelte Vorstellung, dass die Amerikaner ein freies Volk seien, weil es keinen König gebe und sie Titel verachten, ist erbärmlich unwahr; und man muss sich nur die Wirkung der Prohibitionsgesetze ansehen, um die Gefahren repressiver Gesetze zu erkennen. Dort gibt es eine ständige Beeinträchtigung der persönlichen Freiheit, die in England nicht einmal eine Woche lang geduldet würde.

Dass die Briten ein gesetzestreues Volk sind, liegt wahrscheinlich an unserer Vorliebe für Understatement und daran, dass wir kluge und bewährte Regeln geerbt haben. Aber ich glaube, wenn man den Amerikanern eine Chance gäbe, wären sie genauso. Ich kann nur sagen, wenn sie es nicht täten, würde sich die Demokratie als ebenso großer Misserfolg erweisen wie das Zarenreich.

Es spricht enorm für die amerikanische Öffentlichkeit, dass sie nie einen schlechten Präsidenten gewählt hat und mit Abraham Lincoln einen Mann von Genie, Können und Mut hervorgebracht hat, der für immer in den Herzen und Köpfen aller Länder der Welt weiterleben wird. Wir dürfen auch nicht vergessen, dass er das Volk trotz einer Verleumdungskampagne der Presse beherrschte, die nur mit der vergleichbar war , der mein Mann in den letzten Kriegstagen ausgesetzt war.

Die Männer an der Spitze der politischen Macht müssen von der öffentlichen Meinung unabhängig sein, wenn sie etwas erreichen wollen. Sie dürfen nie versuchen, sich einer Presse zu unterwerfen, die, um der Gerechtigkeit willen, mit wenigen Ausnahmen sagen zu müssen, nicht versucht, irgendjemanden länger als für einen flüchtigen Augenblick zu irgendeinem Ziel zu führen.

Die gegenwärtige Regierung Amerikas scheint nach allem, was ich gehört habe – einige ihrer Regierungschefs hatte ich die Ehre zu treffen – bewundernswert zu sein und auch in Zeiten außerordentlicher Schwierigkeiten reibungslos zu funktionieren. Präsident Harding hatte die Weisheit, gute Männer um sich zu scharen, und er selbst ist ein Mann mit offenem Geist und weitreichenden Ansichten.

Einige der Fehler, die ich während meiner Reise gefunden habe, werden mir in "The American Credo"[*] (das ich von meinem Freund Mr. Anderson vom St. Louis *Dispatch erhalten habe*) vorgeworfen, sich mit strenger Treue zu befassen. Ich bin mir sicher, dass ich beim Lesen erkennen werde, wo ich mich geirrt habe; aber mit meiner Kritik erfülle ich lediglich mein Versprechen, meine Eindrücke niederzuschreiben, die bestenfalls oberflächlich sein können.

[*] Von GJ Nathan und HL Mencken.

Unter nachdenklichen Leuten wird in diesem Land sehr viel proamerikanische Propaganda betrieben, und abschließend möchte ich sagen, dass es an der amerikanischen Rasse so viel Schönes und Leidenschaftliches, so viel Entwaffnendes und Liebenswertes gibt, dass ich mich ausgerechnet dann als der Undankbarste bezeichnen würde, wenn ich irgendetwas Übertriebenes oder Falsches geschrieben hätte.

Ich kann nur um Vergebung für meine Fehler bitten, denn mir wurde nicht nur eine unvergessliche Höflichkeit und Freundschaft entgegengebracht, sondern ich bin auch der Ansicht, dass es für den Frieden auf der Welt von entscheidender Bedeutung ist, dass unsere Völker und die Völker der Vereinigten Staaten einander verstehen und füreinander sorgen.

DAS ENDE